Ursula Salbert

Das Kinderyoga-Spielebuch

Mit Maus und Biene nach Indien: Spannende Abenteuergeschichten, fantasievolle Yoga-Übungen und 14 komplette Stundenbilder

Illustrationen: Annie Meussen

Impressum

Autorin	Ursula Salbert
Lektorin	Barbro Garenfeld
Illustrationen	Annie Meussen
Satz	Hain-Team, Bad Zwischenahn
Druck	Grafik Media Produktionsmanagement, Köln
ISBN	978-3-96046-281-1

8. Auflage 2024

Widmung

Als ich vor 55 Jahren am 25. Geburtstag meiner Mutter das Licht der Welt erblickte, war ich ihr schönstes Geschenk. Heute widme ich ihr zum 80. Geburtstag dieses Buch und bedanke mich für viele schöne Jahre, in denen sie immer für mich da war und an mich geglaubt hat.

Inhaltsverzeichnis

Vorwort ... 5
Ursachen und Folgen von Überforderungen in der Kindheit ... 5
Die Wirkung von Kinderyoga auf die Persönlichkeitsentwicklung ... 6
Kinderyoga in Praxis und Forschung ... 7
Was ist das Besondere an diesem Kinderyoga-Buch? ... 8

Yoga und Kinderyoga ... 11
Hatha-Yoga ... 11
Kinderyoga ... 12

Kindgerechte Lehrinhalte aus dem Hatha-Yoga ... 14
Körperhaltungen ... 14
Atemarbeit ... 16
Konzentrations- und Meditationstechniken ... 19
Fazit ... 20

Den Bedürfnissen unterschiedlicher Kinder gerecht werden ... 21
Was bei der Umsetzung zu beachten ist ... 21
Einsatz von Yoga-Übungen im Tagesablauf ... 24
Flexibler Umgang mit fortlaufenden Yoga-Angeboten ... 25

Organisation und Durchführung fortlaufender Yoga-Angebote ... 28
Organisation ... 28
Durchführung ... 29

Drei Vorlesegeschichten ... 34
1. Geschichte: Klaus und Tine im Bienennest ... 34
2. Geschichte: Die alte Eule erzählt vom Yoga ... 36
3. Geschichte: Klaus und Tine beschließen, nach Indien zu reisen ... 38

48 Yoga-Übungen und ihre Varianten ... 40
Die Yoga-Übungen der Stundenbilder ... 40
Die intensiv eingeführten Yoga-Übungen mit Vorstellungsbildern, Übungsverläufen und Übungszielen ... 48

14 Yoga-Spielgeschichten mit Übungsangaben und Traumgeschichten 70
1. Spielgeschichte: Tine fährt mit dem Dampfer übers Meer 70
1. Parallel-Spielgeschichte: Klaus rudert mit dem Boot übers Meer 73
2. Spielgeschichte: Tine findet eine Insel 77
2. Parallel-Spielgeschichte: Klaus findet eine Insel 80
3. Spielgeschichte: Tine kommt in Indien an 84
3. Parallel-Spielgeschichte: Klaus kommt in Indien an 88
4. Spielgeschichte: Tine im Dschungel 92
4. Parallel-Spielgeschichte: Klaus im Dschungel 96
5. Spielgeschichte: Klaus und Tine finden einander 100
6. Spielgeschichte: Klaus und Tine bei den Krokodilen 105
7. Spielgeschichte: Klaus und Tine reiten auf dem Elefant in den Nationalpark 109
8. Spielgeschichte: Klaus und Tine in der Wüste 113
9. Spielgeschichte: Klaus und Tine in den Bergen 117
10. Spielgeschichte: Klaus und Tine auf dem Turm 121

Abschlussangebot 125
Tine und Klaus verabschieden sich 125

Plakat mit 48 Bildkarten 127
Acht Kategorien und ihre Wirkweisen 127
Spielvorschläge für die Bildkarten 131

Anhang 132
Register 132
Literaturhinweise/Adressenhinweise 134
Die Autorin/Die Illustratorin 135

Vorwort

Ursachen und Folgen von Überforderungen in der Kindheit

Wer sich in der „Kindheit" getragen und verstanden fühlt, entwickelt großes Vertrauen in sich selbst und ist für das Leben gut gerüstet, egal was passiert. Leider können viele Kinder dieses Ur- und Selbstvertrauen in der heutigen stressbeladenen Zeit nicht mehr ausreichend entwickeln, weil die täglichen Anforderungen sie maßlos überfordern.

Diese Überforderung entsteht z. B. durch wachsende Reizüberflutung. Viele Kinder ab drei Jahren sitzen schon mehrere Stunden am Tag vor dem Fernsehgerät. Dabei können sie das Gesehene und Gehörte nicht ausreichend verarbeiten.

Überforderung entsteht aber auch durch wachsenden Zeit- und Leistungsdruck. So fehlt vielen Kindern schon im Kindergartenalter die Zeit zum fantasievollen Spiel im Freien und die Möglichkeiten, sich selbst und ihre Umwelt ausgiebig zu erspüren, zu erleben und zu begreifen, zu experimentieren und auszuprobieren.

In der Schule sollen alle Kinder in der gleichen Zeit die gleichen Inhalte lernen und bekommen wenig Zeit für ihre individuellen Entwicklungsschritte. Wer da nicht mithalten kann, bleibt zurück.

Überforderung entsteht aber auch durch ansteigenden Konsumzwang, denn die Werbung hat Kinder als potenzielle Kunden längst im Visier und suggeriert ihnen Bedürfnisbefriedigung durch entsprechende Kauflaune. So können viele Kinder gar nicht mehr glücklich sein, wenn sie bestimmte Dinge wie Handys, Spiele-Konsolen oder Markenklamotten nicht besitzen.

Hinzu kommen noch viele soziale Konflikte durch inkonsequentes Verhalten von Erwachsenen oder chaotische psychosoziale Bedingungen, ungesundes Essen und Medikamentenmissbrauch. Auch mangelt es in vielen Familien an verlässlicher Struktur und Orientierung.

Als Folge davon fühlen sich Kinder häufig missverstanden, unzufrieden und unwohl. Sie grenzen sich ab, werden ängstlich, lustlos und kontaktarm. Sie leiden unter mangelndem Selbstwertgefühl und Verkrampfungen. So entstehen Kopfschmerzen, Schlafstörungen und Albträume, Bauchschmerzen und Appetitlosigkeit.

Dies wiederum bringt neue Probleme im Elternhaus und in der Gemeinschaft mit sich. Die Schulleistungen sinken und die wachsende Unzufriedenheit der Kinder schlägt in lautes und aggressives Verhalten um.

Durch ständige Tadel und Bestrafungen und aus Frust über die Misserfolge und die eigene Unfähigkeit, anstehende Probleme zu lösen, können sogar körperliche, geistige und seelische Schäden entstehen wie Hautkrankheiten, Allergien oder Asthma. Manche Kinder nässen wieder ein oder werden depressiv. Andere Kinder kompensieren den Mangel an Lebensfreude und Wohlsein durch unkontrolliertes Essen. Viele sind schon im Kindergarten oder in der Grundschule zu dick, werden unbeweglich, haben zu wenig Kraft und ermüden schnell. Sie entwickeln Fehlhaltungen, Muskel- und Koordinationsschwächen, Gleichgewichtsprobleme, Fuß- oder Beinverformungen. Dies alles kann schon im Kindesalter zu Fettleibigkeit, Herz-Kreislauf-Erkrankungen, Bluthochdruck und Diabetes führen.

Und dann gibt es noch Kinder mit der ärztlichen Diagnose Aufmerksamkeits-Defizit-Syndrom (ADS)

oder dem Aufmerksamkeits-Defizit-Hyperaktivitäts-Syndrom (ADHS).
Die Ursachen dieser Störungen sind wissenschaftlich noch nicht ausreichend erforscht. Unumstritten ist aber, dass die permanenten Überforderungen der unruhigen, schnelllebigen und leistungsorientierten Umwelt diese Krankheitssymptome verstärken. So haben es ADS- oder ADHS-Kinder sehr schwer in der heutigen Zeit und fallen deshalb besonders schnell auf.

Da sich in den letzten 20 Jahren die Anzahl der unausgeglichenen, bewegungsarmen, übergewichtigen und aggressiven Kinder sehr stark erhöht hat, ist die Lernatmosphäre in Kindergärten, Schulen und in der Kinderfreizeit empfindlich gestört. Deshalb sind alle, die mit Kindern leben und arbeiten, auf der Suche nach einfachen Handlungsmodellen, mit dem Ziel, den Kindern zu helfen, wieder gesünder, ausgeglichener, konzentrierter und aufnahmefähiger zu sein. Denn nur so können sie die hohen Anforderungen des Alltags viel friedlicher und freudvoller bewältigen.

Die Wirkung von Kinderyoga auf die Persönlichkeitsentwicklung

Seit 16 Jahren unterrichte ich Kinderyoga und beobachte, dass sich die Integration von Yoga-Übungen in den Alltag der Kinder und das fortlaufende Üben besonders gut bewähren:

- Kinderyoga-Übungen lösen Muskelverspannungen, schulen das Gleichgewicht, die Koordination, die Beweglichkeit und die Körperaufrichtung.
- Kinderyoga-Übungen fördern die achtsame Selbstwahrnehmung und Fremdwahrnehmung. Sie unterstützen die Entwicklung des Körpergefühls, des Selbstbewusstseins, des Selbstvertrauens und das Hineinversetzen in andere (Empathie).
- Kinderyoga-Atemübungen beruhigen und vertiefen den Atem, entschlacken den Körper von Kohlendioxyd und versorgen den Organismus mit ausreichend Sauerstoff.
- Kinderyoga-Atemübungen helfen Emotionen und Stimmungen wahrzunehmen, sie zu genießen oder zu verändern.
- Kinderyoga-Übungen werden ohne Zeit- und Leistungsdruck durchgeführt. Das entspricht den Bedürfnissen der Kinder nach Verständnis, Annahme und „Entschleunigung".
- Die Kinderyoga-Traumgeschichten beruhigen die Gedanken. Erlebtes wird verarbeitet, geordnet und losgelassen. Fantasiebilder und Zeitlosigkeit entstehen. Die Körperfunktionen wie Herzschlag, Durchblutung und Verdauung normalisieren sich.
- Der Wechsel von Bewegung (Yoga-Übungen) und Ruhe (Traumgeschichte) in den Angeboten wirkt ausgleichend. Stress kann wirkungsvoll abgebaut werden, die Konzentration und Aufmerksamkeit erhöht sich und erleichtert das Lernen.
- In Kinderyoga-Angeboten steht das freudvolle, spielerische Lernen in der Gemeinschaft im Vordergrund. Das fördert die kognitiven und sozialen Kompetenzen, entwickelt die körperlichen und sprachlichen Ausdrucksmöglichkeiten, die Fantasie und Kreativität.
- Kinderyoga-Angebote sind didaktisch-methodisch „sinnvoll" durchdacht. Sie beinhalten verlässliche Strukturen, Rituale und Wiederholungen. Auf dieser Basis entsteht Urvertrauen.

- Kinderyoga-Angebote stabilisieren die kindliche Persönlichkeit insgesamt und kommen besonders den Kindern zugute, die Entwicklungsdefizite aufweisen oder unter Stresssymptomen leiden.

Kinder, die über eine längere Zeit Yoga üben, verändern sich. Sie werden achtsamer, kompetenter und können ihre Probleme in Alltag, Schule und Kindergarten selbst lösen. Sie sind für die Herausforderungen des Lebens einfach besser gerüstet. Außerdem sind die Kinderyoga-Übungen zielgerichtet im Tagesablauf einsetzbar und können an den Entwicklungsstand der Kinder angepasst werden. Das macht die Methode so empfehlenswert für den pädagogischen und therapeutischen Alltag.

Kinderyoga in Praxis und Forschung

Der große Erfolg des Kinderyoga ist zum einen der engagierten Arbeit aller ErzieherInnen, PädagogInnen und YogalehrerInnen zu verdanken, die seit vielen Jahren mit gut durchdachten Yoga-Kurskonzepten in Kindergärten, Schulen und in der Freizeitgestaltung die Kinder, Eltern und ErzieherInnen von den positiven Wirkungen des Yoga-Übens überzeugen konnten.

Auch die zunehmende Akzeptanz des Hatha-Yoga in der Gesundheitsprävention durch die Krankenkassen zeigt ihre Wirkung. Nicht zuletzt führen Forschungsprojekte und Dissertationsschriften dazu, dass „Yoga" auch in Schullehrplänen (z. B. für den Sportunterricht) in vielen Bundesländern als pädagogisch anerkanntes Handlungsmodell einen festen Platz gefunden hat (vgl. Artikel „Entspannungstraining in der Schule?" von Fessler, ➜ Literatur- und Adressenhinweise S. 134 im Anhang).

Hervorzuheben ist in diesem Zusammenhang das Dissertationsprojekt „Entspannungstraining in der Vorschule“ von Dipl.-Päd. Marcus Müller mit Yoga-Kurzentspannungsprogrammen im Kindergartenalter. Das Projekt findet im Rahmen des Karlsruher Entspannungs-Trainings (ket) unter der Projektleitung von Prof. Dr. Norbert Fessler statt, das sich seit 2010 körperbasierten Entspannungsmethoden (u. a. Yoga) widmet. In diesem Projekt wirke ich als Kinderyoga-Expertin am Entwurf und an der Umsetzung von Kinderyoga-Kurzprogrammen mit. Darüber hinaus arbeite ich als Lehrbeauftragte für Yoga in Entspannungsseminaren des Instituts für Bewegungserziehung und Sport in verschiedenen Studiengängen mit (Team-Teaching-Konzept). Informationen zum Ziel des Projektes finden Sie unter Adressenhinweise S. 134 im Anhang.

Auch die Dissertation des Diplompsychologen Marcus Stück, die 1997 von der Pädagogischen Stiftung Cassianeum in Donauwörth einen Preis zum Thema „Kinder in Sondersituationen“ erhalten hat (➜ Literatur- und Adressenhinweise S. 134 im Anhang) trug wesentlich zur Verbreitung von Kinderyoga in Schulen bei.

Mit diesem Kinderyoga-Buch möchte ich einen weiteren Beitrag zur Akzeptanz dieser wertvollen pädagogischen Methode leisten und sie als Möglichkeit zur Erhöhung der Lebensqualität der Kinder ins öffentliche Bewusstsein rücken.

Was ist das Besondere an diesem Kinderyoga-Buch?

In diesem Buch finden Sie 48 Yoga-Übungen und Varianten mit ausführlichen Übungsanleitungen für Kinder zwischen vier und zehn Jahren. Zudem gibt es 26 kindgerechte Vorstellungsbilder, die zum spielerischen Erlernen der Yoga-Übungen motivieren, und Beschreibungen der Übungsziele, die Ihnen helfen, die Yoga-Übungen spontan im Tagesablauf einzusetzen.

Neu an diesem Buch ist der Hauptinhalt mit drei Vorlesegeschichten (➜ S. 34), 14 Yoga-Spielgeschichten und Traumgeschichten (➜ S. 70) und einem Abschlussangebot (➜ S. 125) zur Durchführung von fortlaufenden Yoga-Angeboten.

In den drei Vorlesegeschichten lernen die Kinder die zwei Hauptfiguren der Spiel- und Traumgeschichten kennen. Sie heißen Klaus und Tine und verkörpern bewusst unterschiedliche Charaktere. Klaus ist eine schmale, schnelle und wissbegierige **Maus** und Tine eine mollige, langsame und begabte **Biene**. Beide begegnen der alten Eule, die Yoga übt und ihnen eine spannende Geschichte über Indien erzählt. Daraufhin möchten Klaus und Tine mehr über Yoga erfahren. Nach einem Streit, wer wohl am besten für Yoga geeignet ist, reisen sie unabhängig voneinander und auf unterschiedlichen Wegen nach Indien. Dort begegnen sie Tieren und Pflanzen (Spielfiguren) und erlernen von ihnen auf abenteuerliche Art und Weise Yoga.

Dabei gibt es anfangs Parallel-Geschichten, von denen jeweils eine Geschichte von Tines Erlebnissen handelt und die andere Geschichte von Klaus' Erlebnissen. Tine mag die langsamen und sinnlichen Yoga-Übungen und Klaus liebt die herausfordernden. Da beide auf ihrer Reise viel erlernen, sich wohlfühlen und im Laufe der Zeit verändern, kommen sie sich in den weiteren Geschichten immer näher, bis sie sich schlussendlich treffen. Sie erzählen einander von ihren bisherigen Abenteuern und reisen gemeinsam weiter.

Im Abschlussangebot begegnen Klaus und Tiene noch einmal allen Spielfiguren und wiederholen mit ihnen die bisher erlernten Yoga-Übungen. Dann reisen sie nach Hause zurück, um allen Tieren von ihren Yoga-Abenteuern zu erzählen.

Die Geschichten werden von den Kindern mit zuvor erlernten Yoga- und Atemübungen gespielt (Spielgeschichten). Dabei schlüpfen sie in die eine und andere Spielrolle hinein. Dies fördert ihr eigenes Erleben und ihr Einfühlungsvermögen in die anders denkenden, fühlenden und handelnden Figuren. Da die Spielgeschichten jeweils in Traumgeschichten enden, erhalten die Kinder nach der Bewegungserfahrung die Möglichkeit, alle Vorstellungsbilder und Empfindungen in Ruhe zu verinnerlichen.

Neu an diesem Yogabuch ist auch, dass Sie als Übungsleitung ganz flexibel anhand des Alters, des Entwicklungsgrades und der Bedürfnisse Ihrer Kinder entscheiden können, welche Yoga-Übungen für Ihre Kinder geeignet sind. Weiterhin können Sie aufgrund der Praxisbedingungen entscheiden, ob Ihr Yoga-Angebot einmal die Woche für 60 oder 75 Minuten, über acht, elf, 14 oder 18 Wochen verlaufen soll und ob Sie die Spielgeschichten und die Abschlussentspannung gekürzt oder in voller Länge anbieten. Dazu finden Sie im Kapitel „Flexibler Umgang mit fortlaufenden Yoga-Angeboten" (➔ S. 25) viele Tipps und Anregungen.

Wenn Sie Ihre Yoga-Angebote im Kindergarten, Schulhort oder in der Freizeitgestaltung (in AGs, an der VHS, in Yogaschulen, zu Hause etc.) im Kurssystem durchführen, hat das den Vorteil, dass die Kinder über einen längeren Zeitraum kontinuierlich Yoga üben können. Dabei gehen Sie in Schritten vor, bauen auf bereits erworbenen Erfahrungen auf und geben den Kindern viel Zeit zum Wiederholen. So können Sie die Erfolge, die sich meist erst nach einigen Wochen einstellen, sehr gut beobachten.

Zusätzlich finden Sie im Buch Hinweise darauf, wie Kinderyoga-Angebote im Alltag ein- und umsetzbar sind und welche pädagogischen Prinzipien nötig sind, um eine freudvolle Lernatmosphäre zu schaffen und möglichst viele Kinder für Kinderyoga zu begeistern. So können Sie z. B. Ihren Kindern die Übung „Der balancierende Flamingo" (➔ S. 60) vor den Hausaufgaben zeigen und ihnen erklären, dass diese Übung ihre Konzentrationsfähigkeit verbessert. Oder Sie machen mit Ihrem Kind abends vor dem Einschlafen die beruhigende Atemübung „Die summende Biene" (➔ S. 43) und erklären ihm, dass diese Übung den Ausatem verlängert, die Gedanken beruhigt und die Muskulatur entspannt. Alle dafür nötigen Informationen finden Sie in der Einführung zum jeweiligen Thema, z. B. in den Kapiteln „Yoga und Kinderyoga" (➔ S. 11) und „Den Bedürfnissen unterschiedlicher Kinder gerecht werden" (➔ S. 21).

Als Zusatzangebot finden Sie im Buchumschlag ein Plakat mit allen 48 Yoga-Übungen. Das Plakat können Sie mit wenigen Handgriffen zu einem Quartett- oder Memoryspiel umfunktionieren. Entsprechende Tipps und Spielmöglichkeiten finden Sie am Ende des Buches (➜ S. 131).

Die Yoga-Übungen auf den Karten sind identisch mit den Übungen im Buch. Sie sind in acht Kategorien mit Wirkungsbeschreibungen eingeteilt:

- Rückbeugen (➜ S. 128)
- Vorbeugen (➜ S. 128)
- Seitbeugen (➜ S. 129)
- Drehübungen (➜ S. 129)
- Umkehrübungen (➜ S. 129)
- Gleichgewichtsübungen (➜ S. 130)
- Beweglichkeitsübungen (➜ S. 130)
- Atemübungen (➜ S. 130)

Diese Wirkungsbeschreibungen helfen Ihnen, die Übungen gezielt einzusetzen.
Weiterhin können die Karten in der Übungsstunde verwendet werden. Ihre Kinder können z.B. eine Karte aus einer Schatztruhe holen (➜ Materialvorbereitung S. 29) und sie beschreiben. Es motiviert die Kinder, noch mehr über die neue Übung zu erfahren. Die Karten sind auch einsetzbar zur Wiederholung und Festigung der Yoga-Übungen.

Der abenteuerliche Charakter der Vorlese- und Spielgeschichten, die ganzheitlichen Wirkungen der Übungen, die freiwillige, angepasste und spielerische Umsetzung des Themas und der Wechsel von Bewegung und Ruhe in den Stundenbildern entsprechen den kindlichen Bedürfnissen. Zudem sind alle Yoga-Angebote so gestaltet, dass sie von Kindern, Eltern, ErzieherInnen und PädagogInnen auch ohne Yoga-Vorerfahrung im Kinderalltag durchführbar sind. Aber auch alle Kinderyoga-LehrerInnen profitieren von den spannenden Geschichten, den fantasievollen Übungsvarianten und dem flexiblen Einsatz der Stundenbilder.

„Wem es gelingt, Menschen durch Körperübungen leuchtende Augen zu schenken, der tut Großes auf dem Gebiet der Erziehung.“

J. H. Pestalozzi

Yoga und Kinderyoga

Hatha-Yoga

Wissenschaftler haben erforscht, dass Yoga seit ungefähr 3500 Jahren bekannt ist und in Indien von Mönchen und Meistern praktiziert und weiterentwickelt wurde. Das Wort „Yoga" kommt aus der Gelehrtensprache Sanskrit (Sprachwurzel *yuj*) und wird als „Joch" oder „Anschirren mit einem Joch" übersetzt. Hierbei ist das „Anschirren eines Jochs zwischen Pferd und Wagen" gemeint, aus dem ein Pferdegespann entsteht (Katha-Upanisad, 600 v. Chr.). Diese bildhafte Sanskritsprache beschreibt sehr treffend, dass Yoga ein Werkzeug (Joch) ist, um den Körper (Wagen), den Verstand (Wagenlenker) und die Sinne (Pferde) miteinander zu verbinden. Yoga ist also eine Hilfe, um das Pferdegespann möglichst sicher durch das Leben zu lenken und dabei Unfälle (Leid) zu vermeiden.

Über die Frage, wie dieses Werkzeug praktisch aufgebaut ist, gab und gibt es verschiedene Ansichten. So entwickelten sich über Jahrhunderte diverse Yoga-Richtungen und Wege mit unterschiedlichen Praktiken, Ritualen und philosophischen Inhalten zur Bewusstseinsschulung.

Etwa ab dem 6. (vgl. Trökes, 2005) bis zum 11. Jahrhundert (vgl. BDY, 1994) entstand im indischen Tantrismus der **Hatha-Yoga**, oft übersetzt als der Yoga der Kraft. Der Tantrismus ist eine geistige Strömung, die den Körper in den Vordergrund stellte und seine Bedeutsamkeit für die ganzheitliche und gesunde Entwicklung des Menschen erkannte. So setzte der Hatha-Yoga am Körper an und entwickelte dazu Reinigungsanweisungen (Kriya) und viele verschiedene Körperhaltungen (Asana) und Atemtechniken (Pranayama).

Da die körperliche und prophylaktische Herangehensweise im Hatha-Yoga der westlichen Gesundheitspädagogik sehr entspricht und das Yoga-Ziel, einen beweglichen Körper, einen ruhigen Atem und einen klaren Geist zu bekommen, auch in der heutigen Zeit an Bedeutung nicht verloren hat, ist der Hatha-Yoga in unserer westlichen Welt so beliebt.

So finden wir u. a. im Hatha-Yoga-Unterricht für Erwachsene folgende Inhalte:

- Die **Reinigungsübungen** entschlacken, entgiften den Körper. Die Schnellatmung (Kapalabhati) reinigt z. B. die Stirn- und Nasennebenhöhlen und die Reinigung der Nase mit Salzwasser (Neti) führt zur besseren Durchlässigkeit der Nasengänge für die Atemenergie.
- Die **Körperhaltungen** stärken den Körper, machen die Muskeln und Gelenke geschmeidig und verbessern das Körpergefühl. Alle Asana haben therapeutische Wirkungen, die eintreten, wenn der Yogi bzw. die Yogini kontinuierlich übt.
- Die **Atemtechniken** lassen den Atem feiner werden und leiten die Lebenskraft (Prana) dahin, wo sie benötigt wird. Alle Atemlenkungen setzen eine lange und intensive Asana-Praxis voraus.
- Das **Visualisieren** von Prana in den Energiekanälen (Nadi) setzt die Energieräder (Chakra) in Bewegung und harmonisiert die polaren Energien von Sonne (Surya; symbolisch *Ha*) und Mond (Chandra; symbolisch *Tha*).
- Das Zurückziehen der Sinne (Pratyahara), die **Konzentration** (Dharana) und die **Meditation** (Dhyana) beruhigen Körper-, Atem- und Gedankenbewegungen und entwickeln eine klarere Art der Wahrnehmung. Die Meditationstechniken sind am schwierigsten und gelingen nur denjenigen, die vorher lange Asana und Pranayama geübt haben.

Im klassischen Hatha-Yoga in Indien begab sich der Yogaschüler, nachdem er lange einen Lehrer gesucht hatte, in die weisen Hände eines passenden Yogameisters. Dieser wusste genau, was der Schüler brauchte und wann er soweit war, bestimmte Inhalte zu erlernen. Das zog sich über viele Jahre hin, bis der Schüler vom Lehrer autorisiert wurde, selbst Yoga zu lehren.
Die Yogahaltungen und Atemtechniken wurden und werden auch heute noch im Yoga für Erwachsene von den LehrerInnen systematisch erklärt und demonstriert. Manche LehrerInnen demonstrieren nicht und beschränken sich nur auf Ansagen, damit die Schüler ihr eigenes Bild entwickeln können.
Da der klassische Hatha-Yoga traditionell in Indien vorrangig von Männern praktiziert wurde und es keinen speziellen Kinderyoga in Indien gab, brauchen wir für das Yoga-Üben mit Kindern eine bedarfsgerechte Didaktik und kindgerechte Methodik.

Kinderyoga

Im Kinderyoga geht es vor allem darum, Kinder für das Yoga-Üben zu begeistern. Diese Begeisterung entsteht am ehesten in einer freud- und fantasievollen Lernatmosphäre, in der die Kinder spielend leicht und ohne Leistungsdruck lernen können. Eine solche Atmosphäre aufzubauen, ist die Aufgabe der Übungsleitung (Bezugsperson/LehrerIn). Mit ihrer Begeisterung für das Yogathema übernimmt sie eine wichtige Vorbildfunktion. Auch ihr wertschätzendes, konsequentes, verlässliches und empathisches Verhalten den Kindern gegenüber ist eine wichtige Orientierung für die ganze Gruppe. So entsteht ein Vertrauensverhältnis, in dem sich die Kinder auf das Üben einlassen und Erfahrungen sammeln können. Die Übungsleitung ist bemüht, die Kinder angemessen zu fördern und passt deshalb die Auswahl der Übungen und ihre Angebotsplanung flexibel der Tagesform der Kinder an.

Kinder brauchen beim Yoga-Lernen keine langen technischen Erklärungen. Sie beobachten und ahmen die Übungsleitung nach und lernen innerhalb der Kindergruppe durch gemeinsames Ausprobieren und Wiederholen. Sie schlüpfen dabei in ihrer Vorstellung ganz und gar in die Yoga-Spielrolle hinein (z.B. ich bin der springende Tiger). Sie entdecken die Yoga-Übungen mit allen Sinnen für sich selbst und können sich so im Augenblick der Bewegung und der Ruhe auch gefühlsmäßig als aufgehende Sonne, drehenden Busch oder mutigen Löwen „wahrnehmen".

Da Kinder sehr schnell wachsen und sich auch innerlich verändern, ist ihre Wahrnehmung in der Spielrolle nie langweilig, sondern immer wieder neu und anders. Dabei spüren sie, wie sich die körperlichen Grenzen und Kompetenzen, ohne in Leistungsdruck zu verfallen, allmählich erweitern. Deshalb lieben die Kinder auch Wiederholungen so sehr.

Kinder verfügen über ein sehr reiches und buntes Vorstellungsvermögen und können sich ganz schnell in Situationen oder Figuren hineinversetzen. Deshalb werden im Kinderyoga die Körper- und Atemübungen erst einmal ganz kreativ im Spiel nachempfunden. Dafür kann die Übungsleitung die Bildkarten (und vielleicht zusätzlich zum Thema passende Bilderbücher) und die Vorstellungsbilder (➜ S. 31) einsetzen: *„Stell dir vor, du bist ein Delfin und schwimmst im Wasser."* Anschließend kann die Übungsleitung im Gespräch die Kinder fragen, wie sie sich die Spielrolle vorstellen und wie sie sich dabei fühlen.

Das Spielen von Yoga-Übungen hat auch den Vorteil, dass die Kinder leicht im „Hier und Jetzt" sind, die Übungen mit dem Körper (Wagen) und mit allen Sinnen (Pferden) aufnehmen und die Wirkungen mit dem Verstand (Wagenlenker) erfassen können. Das erklärt auch, warum Kinder mit rein abstrakten Anweisungen kaum etwas anfangen, wenig erfahren und behalten können.

Um die Übungen zu wiederholen und zu festigen, werden im Kinderyoga bekannte Übungen zu Übungsfolgen aneinandergereiht. So entstehen Yoga-Spielgeschichten, die die Übungsleitung fortlaufend weitererzählt. Hier im Buch finden Sie die 14 Yoga-Spielgeschichten (➜ S. 70) und eine Abschlussgeschichte von Klaus und Tine (➜ S. 125), die Sie kontinuierlich mit Ihren Kindern spielen können.

In der Praxis begegne ich immer wieder KursleiterInnen, die meinen, dass sie Yoga mit Kindern nicht *spielen* dürfen. Die Ursache könnte darin liegen, dass sie Angst davor haben, dass der Yoga so in der Öffentlichkeit nicht mehr ernst genommen wird oder seine Wirkung verliert. Dazu besteht aber keine Veranlassung, denn schon vor vielen Jahrzehnten wurde wissenschaftlich nachgewiesen, dass das „Spiel" die beste Methode für ganzheitliches und konzentriertes Lernen aus der eigenen Motivation heraus darstellt und deshalb in der modernen Pädagogik (auch für Erwachsene) eine überaus wichtige Rolle einnimmt.

Informationen dazu finden Sie im Bericht von Armin Krenz „Kinder spielen sich ins Leben – Der Zusammenhang von Spiel- und Schulfähigkeit" (Kindergartenpädagogik Online-Handbuch von Martin R. Textor, ➜ S. 134).

Kindgerechte Lehrinhalte aus dem Hatha-Yoga

Aus drei klassischen Werkzeugen, die auch im westlichen Yoga Lehrinhalte für Erwachsene sind, leiten wir ab, was sich für den Kinderyoga eignet:

- Körperhaltungen
- Atemarbeit
- Konzentrations- und Meditationstechniken

Körperhaltungen

Alle Yogahaltungen (Asana) für Erwachsene tragen Sanskritnamen. Sie werden „Haltungen" genannt, weil sie nach einer Vorbereitungs- und Hineingehphase mühelos statisch gehalten werden. Danach wird die Haltung aufgelöst, ausgeglichen und nachgespürt. Entstanden sind die Haltungen im Hatha-Yoga durch Beobachtungen der Natur, durch das Hineinversetzen in Tiere und Pflanzen und das kontemplative Nachempfinden des Wesentlichen in ihnen.

Ein zentrales Thema im Hatha-Yoga ist die Aufrichtung der Wirbelsäule als Körperachse. Dies geschieht nicht nur, weil im Inneren der Wirbelsäule nach yogischer Erfahrung die zentrale Energiebahn (Sushumna) verläuft, sondern auch, weil das mühelose Aufrichten des Körpers dafür sorgt, dass die Atmung optimal fließen kann und somit eine gute Energieversorgung des Körpers gewährleistet ist. In Bezug auf die Wirbelsäule oder den Raum gibt es

- Drehhaltungen
- Seitbeugen
- Rückbeugen
- Vorbeugen
- Umkehrhaltungen
- Stand-, Liege- und Sitzhaltungen
- Gleichgewichtshaltungen.

Die verschiedenen Haltungen dehnen und stärken die Muskeln und bewegen die Gelenke. Im Üben machen sie den Körper stark und beweglich, lösen Blockaden auf und regen den Blutkreislauf sowie die Verdauung an.

Ein weiteres Thema im Hatha-Yoga ist die bewusste Wahrnehmung von Polaritäten in den Haltungen (*Ha* steht symbolisch für die Sonne, *Tha* für den Mond) wie oben und unten, links und rechts, hinten und vorn, außen und innen, Anspannung und Entspannung. Das Auspendeln der Polaritäten macht die natürlichen körperlichen Grenzen bewusst. Diese werden mit zunehmendem Üben sanft erweitert.

Da der Körper mit dem Geist und der Seele psychosomatisch verbunden ist, haben alle Haltungen auch geistig-seelische Wirkungen. So werden z.B. beim Üben von Rückbeugen Gefühle von Kraft, bei Drehhaltungen Gefühle von Ausgeglichenheit, bei Standhaltungen Gefühle von Größe und bei Gleichgewichtshaltungen Gefühle von Zentriertheit wahrnehmbar. Weiterhin können im Brustraum Empfindungen von Weite erfahrbar oder Unterschiede zwischen beiden Körperhälften erspürt werden.

Außerdem werden durch das Auspendeln der Polaritäten im Üben der Haltungen die polaren Energien ausgeglichen und instinktiv wird die „Mitte" bewusst. Wenn ich z.B. wahrnehme, wie weit ich mich nach rechts und links beugen kann, nehme ich nicht nur das Wesentliche in der jeweiligen Haltung wahr (z. B. Unterschiede oder Gemeinsamkeiten), sondern auch, wann ich mich wieder in der Mitte befinde und wie sich das anfühlt.

Manche klassischen Yogahaltungen für Erwachsene beinhalten starke Verbiegungen der Wirbelsäule oder hohe Belastungen der Muskulatur und Gelenke. Das liegt daran, dass die Inder durch ihre Lebensweise sehr beweglich sind. Viele Übungen sind deshalb für den westlichen Menschen nicht geeignet. Weil das so ist, wurden in den letzten Jahrzehnten viele klassische Haltungen für Erwachsene unter physiotherapeutischen Gesichtspunkten abgewandelt und angepasst. In manchen Yogastilen werden zur Unterstützung der Haltungen auch Klötze und Bänder benutzt.

Kindern fehlen die nötige Kraft und die Ausdauer für lange statische Yogahaltungen. Außerdem brauchen Kinder **viel Bewegung** für ihre gesunde Entwicklung. Deshalb sind die „Yogahaltungen" aus dem Yoga für Erwachsene dem kindlichen Bewegungsdrang und -spielraum angepasst und werden so zu „Yoga-Übungen". Für die Kinder eignen sich alle Übungen, die ihrem Bewegungsvermögen entsprechen.
Yoga-Übungen, die mit wenig oder keinem Kraftaufwand durchgeführt werden, können auch kurz gehalten werden (z. B. über zwei bis vier Atemzüge), andere werden dynamisch ausgeführt, so wie die sehr bekannte klassische Übungsfolge „Der Sonnengruß" alias „Das Sonnengebet" (Sarya-Namaskara).
Alles, was die Wirbelsäule extrem verbiegt oder die Muskeln und Gelenke überfordert, darf im Kinderyoga kein Lehrinhalt sein! Um eine Verletzungsgefahr auszuschließen, gilt für alle Angebote die Devise: **Alles, was extrem und unnatürlich ist, wird vermieden!**
So dürfen Kinder auch nicht in Übungen „hineingedrückt" werden. Das ist auch für Erwachsene sehr gefährlich. Ein Üben mit Bändern oder anderen Hilfsmitteln sollte immer eine Unterstützung darstellen, nicht forcieren und nur von erfahrenen YogalehrerInnen angeleitet werden!
In diesem Buch beschreibe ich nur solche Übungsvarianten, die keine Risiken für die Gesundheit der Kinder darstellen und keiner Hilfsmittel in der Ausführung bedürfen.

Die Yoga-Übungen für Kinder haben deutsche Namen erhalten, die die Kinder verstehen und die dem Wesen der Übung entsprechen, wie „Die vorsichtige Schildkröte", „Die schleichende Schlange", „Der tanzende Kranich", „Der verspielte Bär" und „Die schimmernde Muschel".
Damit sich die Kinder gut in die Übungen hineinversetzen können, hilft ihnen ein Vorstellungsbild. Dieses Bild entsteht durch eine kleine Geschichte, die die Übungsleitung dazu erzählt. Mit dem Vorstellungsbild erleben die Kinder das nach, was in der Übung wesentlich ist. So kann sich ein ängstliches und ungelenkes Kind z. B. vorstellen, als Affe gelenkig und schwindelfrei auf eine Palme zu klettern.

Beispiel: Der geschickte Affe (➜ S. 59)
Stell dir vor, du bist ein Affe und kletterst auf eine 30 Meter hohe Palme. ... Kannst du dir vorstellen, wie kräftig, gelenkig und mutig du bist?

Während die Übungsleitung mit eigenen Worten den Text vorträgt, demonstriert und erklärt sie die Übung. Die Kinder erhalten Zeit, die Übung einige Male zu wiederholen. Es kommt dabei weniger auf eine exakte äußere Form an, als vielmehr auf Bewusstheit, Achtsamkeit und inneres Erleben. Das Wesentliche an „Der geschickte Affe" ist z. B. das Spüren von Mut und Gelenkigkeit. Die Übungsleitung regt die Kinder dazu an, sich sprachlich über ihre Empfindungen zu äußern.

Auch die **Wahrnehmung der Polaritäten** ist im Kinderyoga ein wichtiges Erfahrungsziel. Deshalb

werden z.B. alle Seitbeugen, Drehübungen und Gleichgewichtsübungen gleich oft zu jeder Seite ausgeführt. Weiterhin folgen nach dem Einüben der Rückbeugen, Vorbeugen und Umkehrübungen immer Körperpositionen, die ausgleichend wirken (➜ Übungsbeschreibungen ab S. 40).
Damit Sie die Yoga-Übungen im Tagesablauf ganz gezielt einsetzen können, finden Sie nach jeder Beschreibung einige wichtige Übungsziele. Denn alle Kinderyoga-Übungen haben wie die klassischen Yogahaltungen für Erwachsene körperliche, geistige und seelische Wirkungen (➜ S. 127).
Im letzten Kapitel des Buches zum Plakat und den Bildkarten finden Sie eine Aufteilung der abgebildeten Yoga-Übungen zu bestimmten Kategorien und entsprechenden Wirkungsbeschreibungen.

Sie sehen also, dass alle in diesem Buch angebotenen spielerischen Übungsweisen pädagogisch und physiologisch durchdacht sind und keine Gefahr für die Kinder bedeuten. Trotzdem ist es nach meiner Erfahrung eine große Bereicherung für den Unterricht, wenn Sie als Übungsleitung selbst unter fachkundiger Anleitung (z.B. in einem VHS-Kurs) Yoga erlernen oder sich in einer Fortbildung weiterbilden. So können Sie sich noch besser in Ihre Kinder hineinfühlen. In meinem Institut biete ich z.B. seit 1998 sehr erfolgreich Weiterbildungen für ErzieherInnen und YogalehrerInnen zum bzw. zur ÜbungsleiterIn für Kinderyoga an (➜ S. 135 Kontaktadresse).

Atemarbeit

Im Hatha-Yoga für Erwachsene ist neben der Körperarbeit auch die **Atemarbeit** sehr wichtig. Um das Bewusstsein auf den Atem zu lenken, werden die Yogahaltungen und Übungsfolgen mit der Atmung verbunden. So wird z.B. in beruhigenden Asana sanfter und feiner geatmet und in fordernden kräftiger und tiefer. In Übungsfolgen werden die Bewegungen mit der Ein- und Ausatmung synchronisiert.

Die entstehende Atemachtsamkeit bewirkt, dass sich die Sinne, die zu Anfang nach außen gerichtet sind, langsam nach innen wenden. Das Bewusstsein wird also von der Außenwahrnehmung zur Innenwahrnehmung gelenkt. Weiterhin wird der Atem in seinen einzelnen Phasen und unterschiedlichen Rhythmen erfahren. Dies setzt eine gute Wahrnehmungs- und Konzentrationsfähigkeit voraus. Umgekehrt werden diese durch die Atemarbeit verbessert.

Die **Atemtechniken** (Pranayama) kanalisieren eine subtile Lebenskraft oder Schöpfungsenergie (Prana), die überall vorhanden ist. Um diese Energie zu lenken, gibt es im klassischen Hatha-Yoga zum Teil sehr anspruchsvolle Übungspraktiken. Sie sind deshalb anspruchsvoll, weil sie auch mit den Atempausen (Kumbhaka) nach der Ein- und Ausatmung geübt werden. Dabei wird der Atemfluss beschleunigt, verlangsamt oder unterbrochen, Energie visualisiert und mit Verschlüssen (Bandha) gehalten. Bandha ist eine Muskelkontraktion, z. B. der Kehlverschluss, bei dem die vorderen Halsmuskeln kontrahieren. So können die Energien im Körper gehalten oder über das Visualisieren von Energiebahnen (Nadi) in bestimmte Richtungen gelenkt werden. Diese Atemarbeit setzt ein gutes Körperbewusstsein voraus und ist nur für fortgeschrittene Yogaschüler geeignet.

Ziel jeglicher Atemarbeit im Hatha-Yoga ist es, einen verkrampften, unruhigen, stockenden oder schnellen Atem in einen gelösten, rhythmischen, ruhig und fein fließenden Energie-Atem zu verwandeln und diesen auch im Alltag zu empfinden. Und warum das alles? Weil ein ruhig fließender Atem den Körper entkrampft, optimal entschlackt, die Verdauung und das Fließen der Energien anregt, die Gedanken beruhigt und ein achtsames, bewusstes Handeln im Leben sehr begünstigt.

Die **Kinder** erlernen im Yoga keine schwierigen Atemlenkungen und sollten auch auf keinen Fall den Atem über mehrere Atemzüge anhalten. Für Kinder eignen sich einfache Atembeobachtungen und spielerische Atemübungen. Es werden z. B. solche Atemweisen angeboten, die Kinder auch im Alltag ausführen, wie seufzen oder gähnen, tief durchatmen oder pusten. Die Kinder lernen, ihren natürlichen Atemfluss in unterschiedlichen Situationen wie in Stille-, Bewegungs- und Empfindungssituationen wahrzunehmen. So können sie die Atembewegungen in verschiedenen Körperregionen erspüren. Dabei lernen sie, dass eine bestimmte Atemweise ihre Befindlichkeiten verändern kann und umgekehrt die Befindlichkeiten den Atem verändern.

Spielerische Atemübungen helfen z. B. in stressigen Situationen zur Ruhe zu finden („Die summende Biene", ➜ S. 43 und „Der wehende Wind", ➜ S. 50) oder Wut und Spannung abzubauen („Der mutige Löwe", ➜ S. 63 und „Der kräftige Holzfäller", ➜ S. 44).

Wenn die Kinder gelernt haben, ihren Atem spielerisch wahrzunehmen, können sie beginnen, Atembewegungen mit Körperbewegungen zu verbinden. Dabei richten sich die Bewegungen immer nach der Atmung!

Beispiel: Die schimmernde Muschel (➜ S. 44)
Die Kinder liegen auf dem Rücken, die Beine sind geschlossen und die Füße stehen vor dem Gesäß auf dem Boden. Die Kinder strecken die Arme geschlossen nach oben und legen die Handflächen aufeinander. **Einatmend** öffnen sie die Arme und Beine zu den Seiten, legen dabei Arme und Knie auseinander, bis sie den Boden berühren und die Fußflächen aufeinander liegen. **Ausatmend** schließen sie Arme und Beine wieder.

In Synchronübungen wie dieser, sie gelingen erfahrungsgemäß schon ab fünf Jahren, atmen die Kinder immer ruhig durch die Nase ein und aus. Das fördert die Konzentrationsfähigkeit. Die Gedanken werden beruhigt und eine innere Ruhe und

Gelassenheit stellt sich ein. Bei Pustespielen oder beim Tönen atmen die Kinder durch die Nase ein und durch den Mund aus, wie bei „Der mutige Löwe" (➜ S. 63) und „Der wehende Wind" (➜ S. 50).

Atembeschreibungen

Ab dem Schulalter gelingt es den Kindern zunehmend, den Atem mit den Bewegungen zu verbinden. Um das zu lernen, lassen Sie Ihren Kindern bitte sehr viel Zeit! Deshalb sind die Atembeschreibungen in den Übungen in erster Linie an Sie als Übungsleitung gerichtet. Wenn Sie die Übungen zu Hause einstudieren und dann den Kindern vorführen (also nur zeigen und nicht dabei erzählen), sollten Sie sich ganz bewusst selbst wahrnehmen. Und das gelingt Ihnen am besten, wenn Sie die Bewegungen mit Ihrem ruhigen Atemrhythmus verbinden. Die Kinder werden sofort spüren, dass Sie sich beim Vorführen sehr achtsam verhalten. Diese Achtsamkeit halten Sie auch weiterhin bei, wenn Sie die Übung vorführen und dabei erzählen.
Für die Kinder gibt es zum spielerischen Erlernen einiger Atemübungen wieder entsprechende Vorstellungsbilder.

Beispiel: Der wehende Wind (➜ S. 50)
Stell dir vor, du bist der Wind. Du bist unsichtbare Luft, die sich bewegt. Wenn du ganz still bist, kann dich niemand sehen oder hören. Aber riechen!

Wenn Sie kontinuierliche Yoga-Angebote planen, können Sie mit Ihren Kindern nach dem Erlernen der Yoga- und Atemübungen diese in Spielgeschichten einbinden. Die Spielgeschichten von Klaus und Tine finden Sie ab Seite 70.

In der linken Textspalte steht jeweils der Text zur Geschichte, den Sie erzählen, und auf der rechten die Bewegungsanleitungen, Yoga- und Atemübungen, die Sie und die Kinder dazu ausführen. Auf diese Weise erhalten die Kinder eine interessante Möglichkeit, die erlernten Übungen zu wiederholen. Außerdem erkennen sie den praktischen Sinn des Übens, wenn Sie ihnen sagen: *„Wir lernen die Yoga-Übungen, damit wir sie anschließend gemeinsam in einer Geschichte spielen können."*
Die **Kinderyoga-Spielgeschichten** werden dynamisch und fantasievoll ausgeführt. Die Kinder sollen die Freiheit haben, die Übungen kreativ zu verändern. So lernen sie, mit den Übungen umzugehen und nicht etwas dogmatisch einzustudieren, was vielleicht unangenehm ist und gar keine Wirkung hat. Sie als Übungsleitung brauchen sich auch nicht zwingend an die Textvorgabe zu halten. Erzählen Sie die Geschichte am besten mit Ihren eigenen Worten.
Die Geschichten von Klaus und Tine in diesem Buch habe ich nach pädagogischen Prinzipien erstellt. So finden Ihre Kinder z. B. in den Spielgeschichten am Anfang überwiegend bekannte Übungen wieder und danach die neuen. Es gibt in den 14 Geschichten auch viele Übungswiederholungen zur Festigung der Abläufe. Ich habe auch darauf geachtet, dass die Übergänge von einer Übung zur anderen möglichst stufenweise erfolgen und von den Kindern leicht durchführbar sind.
Für viele Übungen finden Sie in den Übungsanleitungen **zwei verschiedene Ausführungsvarianten**. So können Sie in Ihrer Planung den Schwierigkeitsgrad der Übungsfolge an die Bedürfnisse Ihrer Kinder anpassen. Die spielerische, fantasievolle Ausführungsweise der Übungen, ohne Leistungsdruck, erleichtert den Kindern das Lernen und macht Spaß und Freude.
Die spannenden, fortlaufenden Geschichten von Klaus' und Tines Erlebnissen motivieren die Kinder zum Weiterüben. Denn sie identifizieren sich mit den Figuren und sind gespannt darauf, was diese noch alles erleben werden.

Konzentrations- und Meditationstechniken

Im Hatha-Yoga für Erwachsene sind Konzentration (Dharana) und Meditation (Dhyana) sehr wichtig. Diese werden vorbereitet, indem der Yogi / die Yogini die Körperübungen mit dem Atem verbindet oder Atemlenkungen durchführt. Dabei sind die Sinne nach innen gerichtet (Pratyahara) und die Gedanken kommen zur Ruhe. Damit sich der Yogi / die Yogini innerlich sammeln, konzentrieren kann (Dharana) ist seine / ihre Aufmerksamkeit nur noch auf eine Sache gerichtet, z. B. auf ein Meditationsobjekt. Das ist vielleicht ein Gegenstand, ein Satz, ein Bild oder ein Ton. Daraus entsteht ein Zustand der Versenkung, der Stille von Körper, Atem und Geist, der auch Meditationszustand (Dhyana) heißt.

Diesen Meditationszustand zu erreichen, ist nicht einfach. Es ist viel leichter, den Körper still zu halten als die Gedankenbewegungen zu beruhigen. Wenn es aber nach langem Üben gelingt, zu einer Meditationserfahrung zu gelangen, entsteht eine andere Wahrnehmungsform, die ohne Vorurteile und subjektive Färbungen ist, bis hin zur Einheitserfahrung (Samadhi).

Wer viel meditiert, erlebt, dass sich seine Wahrnehmung auch im Alltag verändert, da man konzentrierter und achtsamer wird.

Um das Meditieren zu lernen, bietet der Hatha-Yoga verschiedene **Sitzhaltungen** an. Der Lotossitz ist die bekannteste und älteste und ähnelt einer akrobatischen Übung. Da viele Menschen in unserer Region die starken Anwinkelungen der Beine nicht durchführen können, gibt es verschiedene Sitz-Abwandlungen, wie den Schneidersitz oder Langsitz oder Sitzhilfen wie Kissen und Bänkchen. Das aufrechte Sitzen bietet die beste Möglichkeit, um ohne großen Kraftaufwand lange wach und ruhig zu verweilen. Dabei sitzen viele Erwachsene bis zu einer Stunde. In dieser Zeit versuchen sie ihre Gedanken anzuschauen, ohne zu werten, und sie loszulassen. Mit der Zeit klären sich die Gedanken, sie werden ruhiger und es entstehen Gedankenpausen, die mit zunehmendem Üben länger werden. Eine friedvolle, wunschlose, gedankenlose innere Haltung stellt sich ein.

Auch unsere **Kinder** finden heute durch die Gedankenüberlastung nicht so leicht zur Konzentration und Ruhe. Damit sie trotzdem gut abschalten können, helfen ihnen im Kinderyoga vor allem die Körperübungen, die sprachlich (mit Vorstellungsbildern) begleitet werden. Beim Üben sind die Kinder mit den Gedanken bei dem, was sie gerade tun. Allein dadurch werden ihre Gedanken schon reduziert, denn sie denken nicht an die Mathearbeit, die morgen dran ist, oder an einen Konflikt, der gestern war. Auch das Lenken der Aufmerksamkeit

auf den Atem hilft, die Gedanken zu beruhigen, da der Atemvorgang die Aufmerksamkeit in den Körperinnenraum lenkt.
Damit die Kinder ihre Gedanken letztendlich noch besser beruhigen können, gibt es am Ende des Yoga-Angebotes eine Traumgeschichte. Dabei bilden die ansprechenden Fantasievorstellungen das „Boot", auf dem die Kinder ins „Meer der Gedankenruhe" gleiten können. Traumreisen bewirken, dass die Gedanken der Kinder (das innere Geplapper) immer mehr durch innere Bilder ersetzt werden. Diese Bilder entstehen durch das Hören der Geschichten. Sie werden nicht von den Gedanken der Kinder kommentiert oder gewertet, sondern zunehmend von entspannenden Gefühlen begleitet. Dazu können die Kinder sitzen oder liegen. Nach meiner Erfahrung liegen die meisten Kinder gern auf dem Bauch oder auf der Seite. Damit sie sich noch wohler fühlen, decken sie sich warm zu.
In einigen Traumgeschichten wird die Yoga-Spielgeschichte weitererzählt. Dadurch entsteht ein roter Faden. Diese Fantasiereisen sind inhaltlich friedvoll und ruhig gestaltet und beenden die Geschichte. So schalten die Kinder immer mehr ab und träumen.
Andere Traumgeschichten erzählen die Geschehnisse in der Yoga-Spielgeschichte noch einmal nach, die somit wiederholt und über innere Bilder nachempfunden werden können. Auch da kommt die Geschichte am Ende zum Abschluss. Beide Vorgehensweisen haben sich in der Praxis mit Kindern bestens bewährt. Nicht zu empfehlen sind Fantasiereisen mit Inhalten, die keinen Bezug zu der vorher gespielten Yoga-Geschichte haben.
Am Ende der Fantasiereise können die Kinder nach Bedarf noch etwas in der Liegehaltung verweilen, träumen und der Entspannungsmusik lauschen.

Fazit

Die Kinder erfahren sich beim Yoga-Üben in der Bewegung und während der Traumgeschichte in der Ruhe. Sie sind mal laut und mal ganz leise, erleben den Atem mal schnell und mal langsam, haben den Kopf mal oben und mal unten. Durch die Bewusstwerdung der Gegensätze und der unterschiedlichen Körper-, Geistes- und Gefühlswahrnehmungen kommen sie langsam in die Balance. Sie lernen bewusster und achtsamer mit ihrem Körper, ihren Gedanken und ihren Emotionen umzugehen, sich auszutoben, wenn ihnen danach ist, oder sich zu sammeln, wenn es die Situation erlaubt. Sie lernen ihre Stärken und Schwächen kennen und positive Vorstellungsbilder zu nutzen, um sich zu verändern. Sie lernen ihre Grenzen auszuloten, anzuerkennen und ohne Druck zu erweitern. Sie erfahren in der Gruppe, wie verschieden die Wahrnehmungs- und Ausdrucksweisen sein können, erleben unterschiedliche Vorlieben und Bewegungsspielräume. Und sie lernen auch, diese Unterschiedlichkeiten anzunehmen und bei sich und anderen zu tolerieren.
Kinderyoga trainiert nachweislich die Selbstwahrnehmung und Selbstregulation. Yoga-Übungen schulen auch die motorischen Fähigkeiten der Kinder wie Geschicklichkeit, Gleichgewicht und Koordination. Deshalb bringen Eltern heute vermehrt ihre Kinder auf Empfehlung von LehrerInnen, ÄrztInnen oder TherapeutInnen zum Yoga-Unterricht, damit sie beweglicher werden oder sich besser konzentrieren können. Ein weiterer Vorteil von Kinderyoga ist, dass die Kinder lernen, ihren hektischen Tagesablauf zu durchbrechen, nach innen zu spüren und sich zu entspannen. So stärken sie ihre Immunabwehr und ihre Gesundheit. Mit der Zeit werden sie kompetenter im Umgang mit den vielen Herausforderungen ihres Alltags.

Den Bedürfnissen unterschiedlicher Kinder gerecht werden

Alle, die mit Kindern arbeiten, wissen, dass sich Kinder unterschiedlich entwickeln und verschiedene Temperamente, Vorlieben und Interessen haben. Kinder reagieren in gleichen Situationen immer anders und machen ihre eigenen Erfahrungen und Lernschritte. Deshalb sollten wir Kinder auch nie miteinander vergleichen oder nach denselben Kriterien bewerten.

So kann es sein, dass gleichaltrige Kinder einer Gruppe im Yoga-Angebot sehr unterschiedliche Bedürfnisse zeigen. Ein unruhiges Kind möchte sich vielleicht viel bewegen und kann sich nicht so gut auf die Traumreise einlassen. Ein anderes Kind braucht vielleicht eine lange Entspannungsphase, weil es in der Nacht nicht gut schlafen konnte und das Babybrüderchen ständig geweint hat. Ein Kind mit motorischen Einschränkungen kann sich vielleicht noch nicht auf einem Bein im Gleichgewicht halten. Ein anderes braucht womöglich gerade diese Herausforderung, um sein Selbstvertrauen zu stärken. Ein übergewichtiges Kind kann vielleicht die Beine nicht gut über dem Bauch anwinkeln, weil dieser im Weg ist. Ein anderes Kind kann sich zusammenfalten und verdrehen und kennt kaum Bewegungsgrenzen.

Für Sie als Übungsleitung ist es deshalb wichtig, dass Sie sehr flexibel mit den Inhalten ihrer Angebote umgehen. Hier einige Tipps, damit die Kinder in Ihren Angeboten ein Gefühl von Sicherheit, Annahme und Unterstützung bekommen. Denn bei allen Unterschieden haben alle unsere Kinder diese Bedürfnisse.

Was bei der Umsetzung zu beachten ist

- Die **Gruppengröße** sollte in spontanen, wie auch in fortlaufenden Yoga-Angeboten überschaubar sein. Das heißt, Sie sollten sich als Übungsleitung nicht überfordert fühlen, sonst werden auch die Kinder unsicher. Nach meiner Erfahrung ist eine Gruppengröße von **sechs bis zehn Kindern** ideal.
- Der **Übungsraum** sollte immer groß genug, gut durchlüftet und angenehm warm sein, damit sich die Kinder wohlfühlen und bewegen können, ohne sich zu stoßen.
- **Vertrauen** ist eine wichtige Basis, um sich ganz geborgen zu fühlen. Sie sollten als Übungsleitung den Kindern bekannt und vertraut sein. Auch die Kinder sollten sich untereinander bereits kennen. Wenn das nicht so ist, dienen die ersten zwei Angebote dem gegenseitigen Kennenlernen. Hier zwei mögliche Kennenlernspiele:

  1. Kennenlernspiel: Bringen Sie von Zuhause eine Reihe von Gegenständen mit, z. B. eine Kaffeetasse, ein Spielzeugauto, einen Blumentopf, eine Puppe, ein Sandförmchen, ein Bilderbuch etc. Stellen Sie sich zuerst mit diesen Gegenständen vor, indem Sie z. B. von Ihrer Familie erzählen. Ihr Mann arbeitet im Krankenhaus, macht viele Nachtschichten und braucht zum Wachbleiben Kaffee (Tasse), ihr Sohn spielt gern mit Autos (Spielzeugauto), sie selbst gärtnern gern und pflegen die Zimmerpflanzen (Blumentopf). Danach suchen sich die Kinder einen Gegenstand aus und stellen sich damit spontan vor.

2. **Kennenlernspiel:** Sie werfen einem Kind im Kreis einen Ball zu und nennen dabei Ihren Namen. Das Kind wirft den Ball weiter und sagt dabei seinen Namen. Alle hören aufmerksam zu und merken sich die Namen. Nach ein paar Runden sagt das Kind mit dem Ball beim Zuwerfen den Namen des anderen Kindes, dem es den Ball zuwirft.

- **Rhythmus** ist ein sehr wichtiges Element. Führen Sie deshalb Ihre fortlaufenden Angebote kontinuierlich immer am gleichen Wochentag, zur gleichen Zeit durch, z. B. immer montags von 11:00 Uhr bis 12:00 Uhr im Mehrzweckraum der Kindertagesstätte oder immer mittwochs um 15:30 Uhr bis 16:45 Uhr im Schülerhort. Auch sollten die Angebote jedes Mal gleich aufgebaut sein: Einleitung, Hauptteil, Schluss (➔ S. 29).
- **Rituale** sind sehr wichtig für die Sicherheit der Kinder. Durch sie lernen sie, sich darauf zu verlassen, dass es immer so ist, und entwickeln Vertrauen. Das ist vor allem für Kinder wichtig, die keine Kontinuität in ihrem Leben kennen und bei denen zu Hause meist alles drunter und drüber geht. Ein Ritual kann alles sein, was sich immer wiederholt. So beginnt das Angebot z. B. immer mit dem Ausziehen der Schuhe und endet mit dem Anziehen der Schuhe. Nach der Yoga-Spielgeschichte kommt immer die Traumgeschichte. Am Ende läuft immer die gleiche Entspannungsmusik, die Traumbilder kommen immer in die Mappe usw. Wenn Sie möchten, stellen Sie in die Mitte eine Schatztruhe, aus der immer die Bildkarten der neuen Yoga-Übungen herausgeholt werden.
- Auch **Struktur** ist ein sehr wesentliches Element, das das Yoga-Üben unterstützt. Selbst das ungeplante spontane Erlernen von Übungen in einer bestimmten Tagessituation ist immer strukturiert und lässt den Kindern viel Zeit zum Lernen. Denn die Abläufe der Yoga-Übungen sind immer gleich und werden zum Verinnerlichen mehrmals wiederholt. Auch die Struktur der fortlaufenden Yoga-Angebote ist immer gleich (➔ S. 29) und auch der **Wechsel von Bewegung** (Yoga-Übungen) **und Ruhe** (Traumgeschichte). Dieser Wechsel entspricht den Bedürfnissen der Kinder nach Ausgleich. Sie spüren selbst, dass beides sehr wichtig ist für ihr Wohlbefinden. Außerdem kündigen Sie als Übungsleitung am Anfang des Angebotes immer an, was die Kinder erwartet. So sind die Kinder weniger unruhig und können sich besser auf die Inhalte einstellen.
- **Positive Unterstützung** motiviert ungemein. Während der Übungen haben Sie Zeit, die Kinder zu beobachten, ihnen genau zuzuhören und auf ihre Bedürfnisse einzugehen. Sie heben den individuellen Fortschritt der Kinder hervor und erkennen diesen an. Sie setzen an den positiven Eigenschaften der Kinder an und machen ihnen Mut, z. B. mit Sätzen wie „du hast dir die Geschichte toll gemerkt“ oder „du kannst die Übung so gut, weil du dir Zeit nimmst zu üben“ oder „wenn du möchtest kannst du zu Hause nach deinem Bild, das du gemalt hast, üben“ oder „du kannst dich gern dabei am Stuhl festhalten“. Auf diese Weise leben Sie den Kindern Einfühlungsvermögen vor und sind als Mitübende den Kindern ein Vorbild.
- **Rückmeldungen der Kinder** sind sehr wichtig, damit Sie besser einschätzen können, was die Kinder brauchen und was sie stört. Regen Sie die Kinder an, sich über ihre momentanen Gefühle und Empfindungen zu äußern (Erzählstein herumgeben). Wer nicht reden möchte, erhält z. B. die Möglichkeit, in einem Legespiel mit Gefühlskarten seinen momentanen Zustand kundzutun. Die Kinder können auch am Ende der Stunde ein Bild malen zu den Inhalten der Yoga-Übungen, der Spielgeschichte oder der Traumgeschichte oder was ihnen gerade spontan einfällt.
- Damit Sie **alle Kinder gut im Blick** haben und schnell reagieren können, platzieren Sie sich am

besten im Kreis neben die Kinder, die Sie am meisten brauchen, weil sie vielleicht unruhig sind. Ihre ruhige Ausstrahlung und Präsenz wird sich auf die Kinder übertragen.

- Wählen Sie die Übungen nach dem **Leistungsvermögen** der Kinder aus. Kein Kind soll über- oder unterfordert werden. Da es im Yoga grundsätzlich keinen Leistungsdruck gibt, stehen beim Üben Spaß und Freude im Vordergrund und das innere Erleben. Sind die Kinder durch die spielerische Herangehensweise motiviert, werden sie immer neugieriger, stellen viele Fragen, haben viele Ideen und wollen von sich aus viel lernen. Dabei vergleichen sich die Kinder beim Üben nicht miteinander und stehen so nicht unter Leistungsdruck.
- **Verhaltensregeln** sind in jeder Lerngemeinschaft wichtig, damit das Lernen nicht durch unnötige Störungen unterbrochen wird. Ihre Kinder kennen sicher schon einige Lernregeln, wie: *Wir hören einander zu und lassen andere aussprechen; wir strecken den Arm, wenn wir etwas sagen möchten; wir gehen rücksichtsvoll miteinander und mit den Lernmaterialien um; wir fühlen uns verantwortlich für uns selbst und für die Gemeinschaft* ... Für die Yoga-Angebote können spezielle Regeln dazu kommen, wie: *Wir gehen vor dem Angebot auf Toilette, legen Brillen oder Schmuck (z.B. lange Ketten, Anstecknadeln etc.) in einen dafür vorgesehenen Behälter; wir betreten den Raum langsam und setzen uns leise auf die Yogamatten (Gymnastikmatten); beim Üben und während der Traumgeschichte bleiben wir auf der Matte und achten auf genügend Abstand zu den anderen oder zu Gegenständen; wenn wir eine Übung nicht ausführen können oder Schmerzen haben, bitten wir die Übungsleitung um Hilfe (z.B. kann eine Übung ausgelassen werden oder abgewandelt); wenn wir krank sind oder uns unwohl fühlen, sagen wir das vor dem Angebot der Übungsleitung, damit sie entsprechend reagieren kann.*

Einsatz von Yoga-Übungen im Tagesablauf

- Lesen Sie das gesamte Buch am besten erst einmal durch. So bekommen Sie einen Überblick über die Möglichkeiten, wie Sie mit den Kindern Yoga erlernen. Schauen Sie sich alle Vorschläge für Yoga-Übungen im Buch an und üben Sie diese zu Hause vor dem Spiegel. Leiten Sie sich dabei selbst an und verinnerlichen Sie den Text zu den Vorstellungsbildern und Spielgeschichten.
- Bevor Sie mit den fortlaufenden Yoga-Angeboten beginnen, setzen Sie immer wieder Yoga-Übungen spontan in bestimmten Tagessituationen ein. So erlernen Sie selbst nach und nach eine Übung nach der anderen und werden immer sicherer im Anleiten und Demonstrieren.
- Übernehmen Sie die Texte oder Übungsanleitungen nicht wortwörtlich, sondern setzen Sie sie sinngemäß mit Ihren eigenen Worten um.
- Verinnerlichen Sie die Ziele und Wirkungen der Übungen und versuchen Sie, diese im Üben selbst zu erfahren. So können Sie diese ihren Kindern in entsprechenden Situationen weitergeben und erklären. Zeigen Sie Ihren Kindern z. B. die Übung „Der mutige Löwe" (➜ S. 63) und erklären Sie, dass diese Übung dabei hilft, Wut und Ärger abzulassen. Oder Sie zeigen Ihren Kindern in einer Erholungspause „Die schimmernde Muschel" (➜ S. 44), lassen bunte Vorstellungsbilder dazu malen und erklären, dass diese Übung beruhigt und die Muskulatur entspannt.
- Zu vielen Übungen im Buch gibt es zwei Übungsvorschläge, z. B. „Das hölzerne Boot 1" (➜ S. 41) und „Das hölzerne Boot 2" (➜ S. 42). „Boot 1" ist in der Ausführung leichter. Für „Boot 2" sollten die Kinder gelenkiger sein und über mehr Kraft und Ausdauer verfügen. Alle Übungen mit dem Zusatz „2" sind also fordernder als die mit der „1". Wählen Sie die Übungen entsprechend dem Leistungsvermögen und den Bedürfnissen der Kinder aus.
- Jede Kinderyoga-Übung besteht aus einer **Vorbereitungsphase**, einer **Hineingehens- und Herausgehensphase**, einer **Ausgleichsphase** und dem **Nachspüren**. Betrachten wir diesen Aufbau einmal genauer anhand der Übung „Der starke Büffel 1" (➜ S. 52): In der **Vorbereitungsphase** versetzen sich die Kinder (bei den Jüngeren ist es ein regelrechtes Hineinverwandeln) in die Figur des Büffels (➜ Vorstellungsbild), indem sie die Ausgangsstellung Vierfüßlerstand mit geradem Rücken einnehmen. In der **Hineingehensphase** senken sie den Kopf, ziehen die Bauchmuskeln ein und biegen den Rücken nach oben. Die **Herausgehensphase** ist die umgekehrte Abfolge der Hineingehensphase, wobei der Rücken wieder gerade wird und die Kinder die Bauchmuskeln loslassen.
- **Hinein- und Herausgehensphase** werden so oft wiederholt, dass die Kinder nicht über-, aber auch nicht unterfordert werden. Das abzuschätzen liegt bei Ihnen, da Sie die Kinder kennen und genau beobachten können.
- Bei allen Übungen, in denen beide Körperseiten trainiert werden, wie „Der geschickte Affe" (➜ S. 58), „Die biegsame Palme" (➜ S. 56) oder „Der balancierende Flamingo" (➜ S. 60), muss die **Hinein- und Herausgehensphase** für beide Seiten gleich oft geübt werden! Bitte sorgfältig darauf achten.
- In der **Ausgleichsphase** und beim **Nachspüren**, z. B. bei „Der starke Büffel 1 und 2", setzen sich die Kinder auf die Fersen, spreizen die Knie, neigen den Oberkörper nach vorn und legen die Hände unter die Stirn auf die Unterlage. Der Rücken sinkt nach unten und entspannt für einige Atemzüge in einer leichten Rückbeuge. Die Büffel-Kinder machen in ihrer Vorstellung Pause. Diese Ausgleichsphase ist bei der Einführung einer neuen Yoga-Übung und den Wiederholun-

gen im Tagesablauf besonders wichtig, da die Kinder mehrere Male die Position der Vorbeuge einnehmen!

Zwei Fragen dazu:

- **Werden alle Kinderyoga-Übungen ausschließlich dynamisch geübt?**

Nein. In der Übung „Die schleichende Schlange" (➜ S. 55) können die Kinder z. B. nach einer spielerischen und dynamischen Ausführung für einige Atemzüge in der Rückbeuge verbleiben. So werden nicht nur Gelenkigkeit und Koordination trainiert, sondern auch Kraft und Ausdauer.

- **Warum kann hier statisch gehalten werden?**

Die Übung belastet die Wirbelsäule oder die Gelenke nicht, weil die Kinder auf dem Bauch liegen. Auch der Beckenboden ist geschützt durch das Einziehen der Gesäßmuskeln. Eine statische Rückbeuge im Stand würde im Vergleich dazu eine viel höhere Bandscheibenbelastung darstellen. Auch die Übungen „Die stille Eidechse" (➜ S. 47), „Der verspielte Bär" (➜ S. 66) und „Das listige Krokodil 2" (➜ S. 62) können angemessene Haltephasen beinhalten. Die entspannenden Übungen „Der hilfsbereite Delfin 1" (➜ S. 49) und „Die vorsichtige Schildkröte 1" (➜ S. 65) benötigen keinen Kraftaufwand und haben deshalb auch Haltephasen.

Flexibler Umgang mit fortlaufenden Yoga-Angeboten

Für die kontinuierlichen Angebote finden Sie im Buch Yoga-Übungen (➜ S. 40), Yoga-Spielgeschichten (➜ S. 70) und Traumgeschichten (➜ S. 72). Zur Einstimmung der Kinder auf die fortlaufenden Yoga-Angebote gibt es drei Vorlesegeschichten (➜ S. 34). In diesen Geschichten lernen die Kinder Klaus und Tine, die zwei Hauptpersonen der Yoga-Spielgeschichten, kennen. Sie erfahren, warum sich die beiden nach der Begegnung mit der Eule dazu entschließen, nach Indien zu reisen, um dort Yoga zu lernen.

Anhand der Gegebenheiten und der Aufnahmefähigkeit der Kinder entscheiden Sie als Übungsleitung, ob Sie alle Geschichten auf einmal vorlesen möchten oder jede Geschichte einzeln an drei aufeinander folgenden Tagen. Sind schließlich alle Yoga-Übungen erlernt, erzählen Sie im letzten Yoga-Angebot die Abschlussgeschichte (➜ S. 125). Dabei erhalten die Kinder die Gelegenheit, alle Yoga-Übungen noch einmal zu wiederholen.

Es gibt aber auch noch eine Reihe anderer Möglichkeiten, je nachdem für welche Kinder die Angebote sein sollen. Hier einige Vorschläge:

- **Variante für Kindergartenkinder**
  Sie lesen die drei Vorlesegeschichten an drei aufeinander folgenden Tagen vor. Am zweiten und dritten Tag wiederholen Sie vor dem Vorlesen stichpunktartig die Vorgeschichte und beziehen dabei die Kinder mit ein. Nach jeder Geschichte malen die Kinder ein Bild und besprechen miteinander, wie die Geschichte weitergehen könnte. Am vierten Tag beginnt die erste Yoga-Spielgeschichte.

- **Variante für Schulkinder**
  Sie lesen die ersten zwei Vorlesegeschichten am ersten Tag vor. Die Kinder malen anschließend ein Bild von Klaus und Tine und der Eule. Im Gespräch entwickeln Sie abschließend gemeinsam, wie die Geschichte weitergehen könnte. Am nächsten Tag oder nach einer Woche lesen Sie die dritte Geschichte vor. Anschließend beginnt die erste Yoga-Spielgeschichte.

- **Variante für Bewegungsarme**
  Wenn Sie überwiegend jüngere Kindergartenkinder, übergewichtige oder bewegungsarme Schulkinder in der Gruppe haben, beginnen Sie nach den drei Vorlesegeschichten mit den vier Yoga-Spielgeschichten, die von Tines Reise erzählen (➜ S. 70). Ab der 5. bis 10. Yoga-Spielgeschichte plus Abschlussangebot (➜ S. 100) wählen Sie die Yoga-Übungen aus, die leichter durchzuführen sind, oder lassen die Kinder selbst wählen, ob sie Yoga-Übung 1 oder 2 ausführen möchten.

- **Variante für Bewegungsaktive**
  Wenn Sie überwiegend bewegungserfahrene und aktive Kinder in der Gruppe haben, dann beginnen Sie nach den drei Vorlesegeschichten mit den vier Yoga-Spielgeschichten, die von Klaus' Reise erzählen (➜ S. 73). Ab der 5. bis 10. Yoga-Spielgeschichte plus Abschlussangebot (➜ S. 100) suchen Sie die Yoga-Übungen aus, die höhere Anforderungen an die Kinder stellen, oder lassen sie selbst wählen, ob sie Yoga-Übung 1 oder 2 ausführen möchten.

- **Variante für gemischte Altersgruppen**
  Eine weitere Möglichkeit ist, nach den drei Vorlesegeschichten mit den vier Yoga-Spielgeschichten von Tines Reise zu beginnen (➜ S. 70). Dann werden die ersten vier Parallel-Spielgeschichte von Klaus' Reise gespielt (➜ S. 73). So werden schon erlernte Yoga-Übungen (z. B. „Der hilfsbereite Delfin 1") wiederholt oder mit erhöhten Anforderungen („Der hilfsbereite Delfin 2") geübt. Ab der 5. Spielgeschichte s. o.

- **Varianten für eine Verkürzung der Stundenbilder**
  Sie können jederzeit Textteile, Bewegungen oder Übungen aus den Yoga-Spielgeschichten herausnehmen. Sie müssen nur gut darauf achten, den Erzähl- und Bewegungsfluss zu bewahren und den Text in der jeweiligen Traumgeschichte gegebenenfalls anzupassen. Achten Sie auch darauf, die herausgenommenen Übungen in den

nächsten Spielgeschichten wegzulassen oder erst später neu einzuführen. Sie können z. B. in der ersten Yoga-Spielgeschichte von Klaus und Tine (→ S. 70) jeweils die Übung „Der hohe Turm" (→ S. 42) oder „Die bewegliche Schaukel" (→ S. 43) überspringen. In der zweiten Spielgeschichte von Klaus (→ S. 80) können Sie auf die Sätze: „und schaut durch sein Fernrohr ... dann müsste ich nicht so rudern" samt der Übung „Das hölzerne Boot 1 und/oder 2" verzichten. Oder Ihre Kinder erlernen nur eine Büffelvariante statt zwei (→ S. 80). In der zweiten Spielgeschichte von Tine (→ S. 77) können Sie „Die duftende Blume" (→ S. 43) überspringen.
Eine weitere Möglichkeit zur Kürzung wäre, wenn Sie nach der Traumgeschichte keine Entspannungsmusik spielen oder am Ende des Angebotes das Malen weglassen bzw. den Kindern als Hausaufgabe aufgeben.

Abschluss-Varianten

- Wenn Sie **nur einen kurzen Zeitraum** für die Umsetzung der Angebote haben, können Sie nach der 5. Yoga-Spielgeschichte die Angebotsreihe beschließen. Dazu benutzen Sie folgenden Abschlusswortlaut in der Traumgeschichte (→ S. 104):

  „Ich habe auch gesehen, dass das Yoga-Üben euch sehr viel Spaß macht", säuselt der Wind. ✧✧✧
  „Und damit ihr alle Yoga-Übungen zu Hause euren Familienmitgliedern und Tieren des Waldes zeigen könnt, werde ich jetzt euer Boot über das Meer nach Hause pusten! ✧✧✧ *Vertraut mir ruhig, ich bin immer bei euch und passe auf euch auf!"* ✧✧✧
  Und dann pustet er in das bunte Segel: Puhhh ... puhhh ... Und die Wellen rauschen: Schhh ... schhh ... schhh ... Puhhh ... schhh ... puhhh ... schhh ... puhhh ... schhh ... ✧✧✧
  Ganz langsam schwimmt das Boot mit Klaus und Tine übers Meer nach Hause zurück. ✧✧✧
  Der Himmel ist inzwischen ganz dunkel geworden und nach und nach werden Sterne sichtbar, bis der ganze Himmel voller Sterne leuchtet.

  Für diese Variante benötigen Sie insgessamt **8 Angebote** à 60 Minuten: 1. bis 3. Angebot sind die Vorlesegeschichten (→ S. 34), danach die vier Yoga-Spielgeschichten von Tines Reise (→ S. 70) und enden mit der 5. Spielgeschichte (→ S. 100).

- Haben Sie **mehr Zeit**, können Sie folgende Varianten wählen.
  Für 11 Angebote: 1. bis 2. Angebot sind die Vorlesegeschichten (→ S. 34), 3. bis 11. Angebot die vier Spielgeschichten von Tines Reise (→ S. 70), parallel dazu die vier Spielgeschichten von Klaus' Reise (→ S. 73) und enden mit der 5. Spielgeschichte und dem Text (s. o.).
  Für 14 bis maximal 18 Angebote: 1. bis 3. Angebot sind die Vorlesegeschichten (→ S. 34), danach die 10 bis 14 Spielgeschichten von Tine und Klaus und das Abschlussangebot (→ S. 125).
  - Das Abschlussangebot beginnt wieder mit einer Geschichte. Dach wiederholen die Kinder alle bisher erlernten Yoga-Übungen. Am Ende geht die Geschichte weiter. Dazu legen sich die Kinder wie in den vorhergehenden Traumreisen hin.
  - Nach diesem Abschlussangebot können Sie die Kinder auch fragen, ob sie weiterhin Yoga üben möchten. Dann wiederholen Sie die Yoga-Angebote noch einmal oder erfinden mit Ihren Kindern neue fortlaufende Yoga-Spielgeschichten. Weitere Anregungen zur Planung und Durchführung fortlaufender Yoga-Spielgeschichten und Traumgeschichten finden Sie auch in meinem Buch „Ganzheitliche Entspannungstechniken für Kinder" (→ Anhang S. 135).

Organisation und Durchführung fortlaufender Yoga-Angebote

Organisation

Unterstützung der Eltern

Bevor Sie fortlaufende Yoga-Angebote in Ihrer Einrichtung fest integrieren, sollten Sie an einem Elternabend Ihr Vorhaben vorstellen. Dabei heben Sie Ihre pädagogischen Ziele hervor und führen mit den Eltern ein Yoga-Angebot praktisch durch. So können sich die Eltern am besten vorstellen, was ihre Kinder erwartet. Danach werden sie sicherlich begeistert sein und ihre Kinder auch zu Hause beim Üben fleißig unterstützen, indem sie sich von ihren Kindern die Übungen zeigen lassen und dann gemeinsam üben.

Unterstützung durch den Träger

Holen Sie so viel Unterstützung wie möglich von Ihrer Schul- oder Kindergartenleitung oder Ihrem Träger ein. Das erreichen Sie am besten durch aufklärende Gespräche. Nehmen Sie dieses Buch mit und zeigen Sie, wie kindgerecht die Angebote sind. Argumentieren Sie auch damit, dass der Unterricht von Hatha-Yoga inzwischen von den Krankenkassen bezuschusst wird! Berichten Sie davon, dass an der PH Karlsruhe Forschungsprojekte laufen, die die positive Wirkung von Yoga und Entspannungstraining auf Kinder in Schule und Kindergarten belegen (➜ S. 134).

Räumlichkeit

Damit der Yoga-Unterricht störungsfrei ablaufen kann, sollten Sie folgende Hinweise beachten:

- Suchen Sie einen Yoga-Übungsraum mit wenigen Möbeln aus, der ausreichend Platz für alle Kinder bietet.
- Der Fußboden des Raumes sollte fußwarm und nicht zu glatt sein, da sonst Matten oder Unterlagen rutschen können.
- Wichtig ist auch, dass die Fenster zu kippen sind, um ausreichende Frischluftzufuhr zu gewährleisten. Für die Schlussentspannung sollten die Fenster etwas abgedunkelt werden.

Kleidung

- Die Kinder tragen bequeme und der Jahreszeit entsprechende Kleidung, in der sie sich gut bewegen können und die ihre Atembewegungen im Bauchbereich nicht beengen.
- Die Schuhe werden vor dem Raum ausgezogen.
- Sie tragen rutschfeste Socken an den Füßen.
- Im Sommer üben die Kinder auch barfuß. So können sie ihre Füße und den Boden besser erspüren.

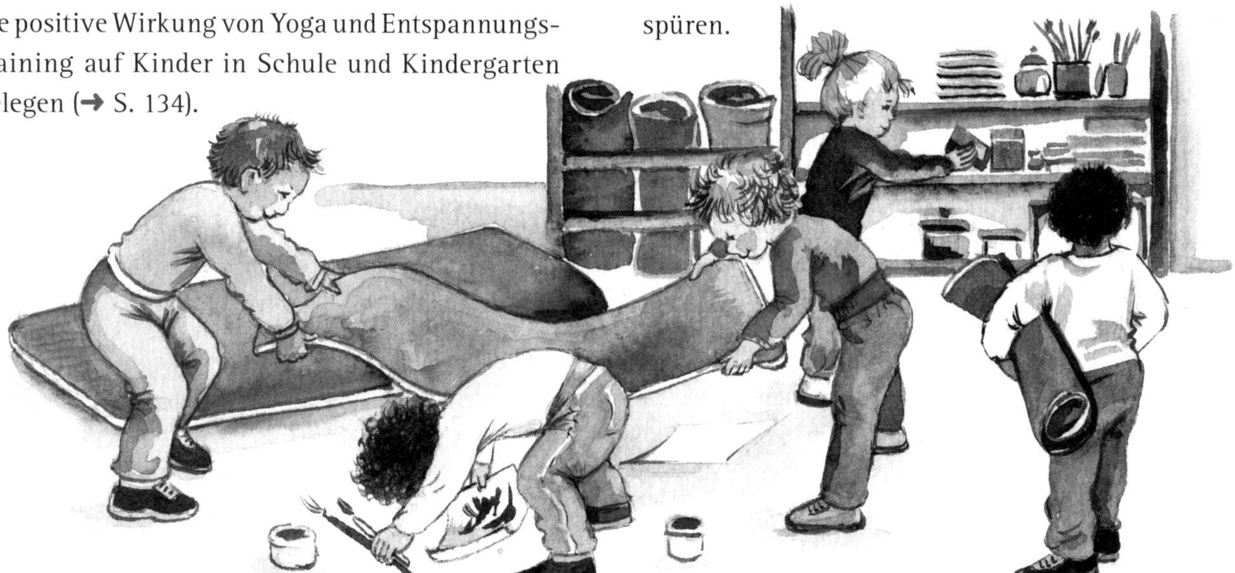

Durchführung

Struktur der Stundenbilder
Wenn Sie fortlaufende Angebote planen, verwenden Sie folgende Angebotsstruktur. Die Zeitangaben für ein Angebot über 60 Minuten sind nur Vorschläge und können natürlich verändert werden.

Einleitung
- Materialvorbereitung
- Begrüßungsritual (2 Minuten)
- Gesprächsrunde (4 Minuten)
- Wiederholung bekannter Übungen (10 Minuten)

Hauptteil
- Erlernen von neuen Übungen (8 Minuten)
- Intensiveinführung neuer Übungen mit Vorstellungsbild (5 Minuten)
- Durchführung der Yoga-Spielgeschichte (5–8 Minuten)

Schluss
- Traumgeschichte mit oder ohne Entspannungsmusik (Text: 3 Minuten, Musik: max. 5 Minuten)
- Gesprächsrunde (5 Minuten)
- Malen (8 Minuten)
- Abschlussritual (2 Minuten)
- Aufräumen

Materialvorbereitung
Alle Utensilien sollten vor dem Yoga-Angebot im Raum bzw. zum Teil in der Mitte bereit liegen. Es empfiehlt sich, die Kinder beim Umräumen und der Gestaltung des Raumes mit einzubeziehen.
- Jedes Kind benötigt für die Übungen eine **rutschfeste Unterlage**. Das können Gymnastikmatten, Isoliermatten oder Yoga-Fellmatten sein. Bitte achten Sie darauf, dass die Unterlagen der Größe der Kinder entsprechen.
- Legen Sie die Matten im Raum kreisförmig aus. Zwischen den Matten sollte genug Platz sein, damit sich die Kinder beim Üben nicht berühren oder stoßen. Bitte achten Sie darauf, dass auch der Abstand zu Wänden und Möbeln ausreichend ist.
- Für die Traumgeschichte brauchen die Kinder eine **Decke** zum Zudecken und ein kleines **Kissen** unter dem Kopf. Eine Sofadecke allein ist als Unterlage ungeeignet, da sie leicht verrutscht.
- Zur **Gestaltung der Kreismitte** für die Rituale und die Gesprächsrunde eignen sich Utensilien, die eine ruhige Atmosphäre unterstützen, z. B. eine Kerze in einem Windlicht, eine Klangschale oder ein Glöckchen. Aber auch Gegenstände, die im Angebot benötigt oder in den Spielgeschichten angesprochen werden, z. B. ein Erzählstein, eine Schatztruhe, die Yoga-Bildkarten oder das Plakat (➔ S. 131), ein blaues und ein gelbes Tuch zur Gestaltung von Meer und Insel, eine Stoffmaus und eine Stoffbiene. Alternativ dazu können Sie auch selbst gemalte Bilder oder Bilderbücher verwenden.
- Für die **Verzauberung** der Kinder in die Spielfiguren Klaus und Tine eignet sich ein gebastelter Zauberstab oder eine große bunte Feder, mit der Sie die Hand jedes Kindes berühren.
- Zur **Begleitung** der Traumgeschichte stellen Sie Materialien bereit, mit denen Sie Geräusche machen können, z. B. ein Regenrohr für Meeresrauschen oder einen CD-Player mit einer Entspannungs-CD.
- Zum **Malen** am Angebotsschluss benötigen die Kinder je ein Blatt, Buntstifte und eine Mappe, in die sie ihre Bilder einheften können.

Begrüßungsrituale
- Zur Begrüßung bilden die Kinder einen Kreis. Jedes Kind klingelt reihum einmal mit dem Glöckchen oder Sie schlagen eine kleine Klangschale an und geben sie vorsichtig weiter.
- Sie können zur Begrüßung auch ein Lied mit den Kindern singen oder ein kurzes Bewegungsspiel spielen.

Wenn die Begrüßung immer in der gleichen Weise abläuft, wird sie zum Ritual und die Kinder fühlen sich geborgen.

Gesprächsrunde

- Vor jeder Yogastunde stimmen Sie in einer Gesprächsrunde die Kinder auf die Inhalte dieser Einheit ein. Stellen Sie im ersten Angebot mit einer Stoffmaus und einer Stoffbiene Klaus und Tine vor, indem Sie sagen: *„Schaut einmal, wer uns heute besucht!"* Sie zeigen die Tiere und die Kinder rufen: *„Eine Maus, eine Biene."* Die Kinder reichen die Tiere reihum, betasten sie, streicheln sie und berichten, was sie über Mäuse und Bienen wissen. Erzählen Sie den Kindern, dass sie Geschichten von Klaus und Tine mitgebracht haben, aus denen die Kinder erfahren, wo die beiden wohnen und was sie so erleben.
- In allen weiteren Angeboten erzählen die Kinder in kurzen Sätzen die bisherigen Erlebnisse von Klaus und/oder Tine nach (je nachdem, welche Geschichte Sie spielen). Dann sagen Sie: *„Und heute erleben Klaus und/oder Tine ein neues Abenteuer. Damit wir dieses Abenteuer wieder spielen können, wiederholen wir zuerst einige Yoga-Übungen und lernen dann neue Übungen dazu."* Eventuell schauen sich die Kinder die Bildkarten an, auf denen Yoga-Übungen abgebildet sind, und benennen diese.
- Sie können das Anfangsgespräch auch dazu nutzen, Stimmungen und Bedürfnisse der Kinder zu erfahren, um darauf flexibel reagieren zu können. Sind die Kinder nicht so gesprächig, malen sie alternativ. Jedes Kind malt auf ein Blatt, wie es sich fühlt, z. B. ein Mondgesicht mit lachendem Mund (= mir geht es sehr gut), mit Strichmund (= mir geht es gut), mit nach unten zeigenden Mundwinkeln (= mir geht es schlecht). Am Ende der Stunde malen die Kinder auf die Rückseite des Blattes, wie es ihnen jetzt geht, und berichten, was sich verändert hat.

Wiederholung bekannter Übungen

Die Kinder wiederholen ab der 2. Spielgeschichte immer die bekannten Yoga-Übungen, die in der neuen Yoga-Spielgeschichte enthalten sind. In der 4. Geschichte „Klaus im Dschungel" (➜ S. 96) sind z. B. folgende Übungen schon bekannt:

- Die bewegliche Schaukel (➜ S. 43)
- Die schleichende Schlange 1 und/oder 2 (➜ S. 55/56)
- Die aufgehende Sonne (➜ S. 41)
- Die hellen Sonnenstrahlen (➜ S. 41)
- Die biegsame Palme 1 und/oder 2 (➜ S. 56/57)

Zur Übung „Die bewegliche Schaukel" erzählen Sie den Kindern z. B.: *„In der Geschichte, die wir heute spielen, kommt wieder die ‚Schaukel' vor. Nur heute schaukelt nicht das Boot, sondern Klaus in seinem Tuch. Wisst ihr noch, wie wir die ‚Schaukel' gespielt haben?"*

Auf diese Weise werden alle bekannten Übungen kurz wiederholt. Während die Kinder die Yoga-Übungen wiederholen, nutzen Sie die Zeit, um zu sehen, ob die Kinder die Übung nachvollziehen können. Vielleicht möchten Sie auch den Kindern noch einmal die eine oder andere Bewegung erklären oder zeigen. Sie können auch korrigieren, lassen Sie aber Ihren Kindern viel Zeit, die Übungen in aller Vollständigkeit zu erfassen.

Erlernen von neuen Übungen

Die Kinder erlernen vor jeder Yoga-Spielgeschichte neue Yoga-Übungen (Ausnahme 5. Spielgeschichte und Abschlussangebot). In unserem Beispiel „Klaus im Dschungel" sind das folgende Übungen:

- Der balancierende Flamingo 1 und/oder 2 (➜ S. 60/61)
- Die schimmernde Muschel (➜ S. 44)

Dazu können Sie den Kindern erzählen, dass Klaus in der heutigen Yoga-Spielgeschichte am See viele Flamingos sehen wird, und zeigen, wie Flamingos gespielt werden. Wenn Sie die Übung „Die schimmernde Muschel" demonstrieren, sagen Sie auch die Atmung dazu an.

Danach ahmen die Kinder die Bewegungen nach. So können sich die Kinder spielerisch in die Rolle hineinversetzen.

Intensiveinführung neuer Übungen mit Vorstellungsbild

In den meisten Yoga-Spielgeschichten werden eine, maximal zwei Yoga-Übungen intensiver eingeführt. In unserem Beispiel „Klaus im Dschungel" sind das „Der geschickte Affe 1 und/oder 2" (➜ S. 58/59). Für die Intensiveinführung der neuen Yoga-Übung zieht ein Kind (jedes Kind kommt einmal dran) eine Karte aus der Schatztruhe und zeigt sie allen Kindern. Die Kinder sehen auf der Karte einen Affen. Dann erzählen Sie: *„In der Geschichte, die wir heute spielen, sieht Klaus eine ganze Affenhorde. Was meint ihr, wo Klaus die Affen entdeckt?"*
Zum gemeinsamen Spielen der Affen beschreiben Sie nun das **Vorstellungsbild** und zeigen dazu freie Spielbewegungen, die zum Text und zu der Übung passen: *„Stell dir vor, du bist ein Affe, ein graubrauner Makak. Du lebst mit deinen 50 Verwandten im Palmenwald. Du futterst alles gern und stibitzt deshalb den Menschen hier und da eine Nascherei."*
Anhand dieses Bildes versetzen sich die Kinder in ihrer Fantasie in die neue Spielrolle hinein und spielen den Affen nach. Danach und auch in den Übungswiederholungen zeigen und erläutern Sie die Yoga-Übung „Der geschickte Affe" wie folgt:

Übungsverlauf

„In der Yoga-Geschichte zeigen die Affen Klaus eine neue Yoga-Übung, die Affen-Yoga-Übung. Die Affen haben wie wir Menschen zwei Arme und zwei Beine. Sie stehen mit gespreizten Beinen auf einem Palmenzweig und beugen sich mit geradem Rücken nach vorn und halten sich mit beiden Händen am Palmenzweig fest. Sie drehen den Kopf nach rechts und heben den rechten Arm nach oben (Drehung nach rechts). Mit den Fingern drehen sie eine Kokosnuss ab. Dann halten sie sich wieder am Palmenzweig fest und drehen den Kopf nach links und heben den linken Arm nach oben (Drehung nach links)."

Zu den Kindergartenkindern können Sie auch sagen: *„Sie drehen den Kopf zur Seite und heben den einen Arm nach oben. Mit den Fingern drehen sie eine Kokosnuss ab. Dann halten sie sich wieder am Palmenzweig fest und drehen den Kopf zur anderen Seite und heben den anderen Arm nach oben."*

Danach üben die Kinder selbstständig. Sie schauen den Kindern dabei von Ihrem Platz aus zu oder gehen herum. Bei Bedarf zeigen Sie die Übung noch ein- oder zweimal.

Durchführung der Yoga-Spielgeschichte

Vor Beginn der Spielgeschichte sagen Sie einen Zauberspruch, z. B. *„Hokuspokus fidimaus, du bist jetzt der Klaus"* oder *„Hokuspokus fidibiene, du bist jetzt die Tine"*.
Der Zauberspruch kann auch lauten: *„Ene mene Huckebein, du sollst jetzt ein Tierchen sein. Ene mene Maus, du bist Klaus! Ene meine Huckebein, du sollst jetzt die Tine sein."* Möglich ist auch: *„Ene mene Biene, du bist jetzt die Tine!"*

Wenn die Kinder schon älter sind und nicht verzaubert werden möchten, ist das dreimalige Anschlagen einer Klangschale, eines Glöckchens oder einer Triangel das vereinbarte Zeichen dafür, dass die Spielgeschichte beginnt oder die Entspannung endet.

Während Sie den Kindern die Yoga-Spielgeschichte erzählen, machen Sie gleichzeitig alle Yoga-Übungen und Gesten (Laufen, Flugbewegungen, neugierig schauen ...) sowie Geräusche (Schnattern, Gähnen, Schmatzen ...) vor. Die Kinder spielen auf ihrer Yogamatte alle Bewegungen nach und imitieren die Geräusche. Dabei empfinden sie die Erlebnisse der beiden Hauptfiguren und der Spielfiguren nach und wiederholen so alle vorher erlernten Yoga-Übungen. Die intensiv eingeführten neuen Yoga-Übungen werden in den Spielgeschichten sogar bis zu fünf Mal wiederholt, was das Einprägen der Übungsabläufe begünstigt.

Eine **Korrektur** der Übungen sollten Sie in den Spielgeschichten unbedingt vermeiden (nur korrigieren, wenn eine Gefahr besteht, z. B. wenn jemand umfallen könnte oder sich stoßen!), da das den Verlauf der Geschichte unterbricht. Behalten Sie wenn möglich alle Kinder im Auge. Das ist nicht einfach und muss über eine längere Zeit geübt werden. Fällt Ihnen auf, dass ein Kind eine Übung noch nicht verstanden hat, können Sie **im nächsten Angebot** während der Einleitung diese Übung noch einmal zeigen, diese dann wiederholen lassen und gegebenenfalls korrigieren.
Manchmal kommt es auch vor, dass ein Kind so fasziniert ist von der Geschichte und der Demonstration, dass es vergisst, mitzuspielen und die eine oder andere Übung auslässt. Das ist nicht schlimm, da es ja über eine lange Zeit immer wieder die Gelegenheit hat, die Übungen zu wiederholen.

Traumgeschichte

- Zur Entspannung während der Traumgeschichte legen sich die Kinder auf ihre Unterlage und decken sich mit einer Decke warm zu.
- Lesen Sie die Traumgeschichte mit leiser Stimme langsam vor.
- Gegebenenfalls benutzen Sie Instrumente für Hintergrundgeräusche oder spielen am Ende noch eine Entspannungsmusik.
- Die Kinder können dabei die Augen schließen. Wenn ein Kind das nicht möchte, versucht es mit offenen Augen ruhig zu liegen. Mit der Zeit werden alle Kinder darauf vertrauen, dass ihnen während der Entspannung nichts passiert, und von ganz allein die Augen schließen.
- Während die Entspannungsmusik läuft, können Sie sich reihum kurz neben jedes Kind setzen und ihm eine Weile über den Arm streichen. Aus meiner Erfahrung hilft das sehr, damit die Kinder leichter in der Ruhe verbleiben können.
- Nach der Traumgeschichte oder der Entspannungsmusik verwandeln Sie die Kinder wieder zurück. Das machen Sie anfangs mit ganz leiser und allmählich lauter werdender Stimme: *„Lange hat der Klaus (die Tine) geschlafen, doch jetzt möchte er (sie) wieder erwachen. Er (Sie) reckt und streckt sich und öffnet die Augen. Und wenn ich jetzt mit dem Zauberstab herumgehe und euch nacheinander ganz leicht an der Hand berühre, seid ihr wieder Kinder und im Kindergarten (Schulraum, Sportraum, Kinderzimmer).“* Dazu kommt folgender Zauberspruch: *„Ene mene Huckebein, du sollst jetzt ein Kindlein sein!“* oder *„Hokuspokus, die Reise war schön, doch nun muss sie zu Ende gehen. Hokuspokus und ganz geschwind, verwandelt sich Klaus (Tine) zurück in ein Kind!“*
- Die Kinder können sich dabei ausgiebig bewegen, z. B. mit den Beinen Fahrrad fahren und mit den Armen boxen. Wichtig ist, dass sie mit Ihren Worten und eigenen Gesten körperlich, geistig und seelisch wieder in die Realität zurückkommen und nicht in der Traumwelt verbleiben! Alle schönen Erinnerungen an das Erlebte und Gefühlte wird von den Kindern ins Wachbewusstsein übertragen und hilft ihnen, die Realität ausgeruhter und ausgeglichener wahrzunehmen. Außerdem werden in der Zeit der tiefen Entspannung Herzschlag, Muskeltonus und Verdauung reguliert. Im Gehirn der Kinder werden gleichzeitig alle Alltagserlebnisse geordnet und verarbeitet! Schon deshalb sollten die Kinder immer mal wieder in den Genuss einer Tiefenentspannung kommen.

Gesprächsrunde

Wenn die Kinder wieder auf ihren Matten sitzen, fragen Sie gezielt nach, wie es ihnen ergangen ist und wie sie sich jetzt fühlen. Dann stellen Sie Fragen zum Inhalt der Geschichte, z. B.:

- *Heute war die Geschichte aber spannend, denn Klaus hat jemanden gerettet.*
- *Wer weiß, wen Klaus da aus dem Spinnennetz gerettet hat?*
- *Wer weiß noch, welche neue Yoga-Übung heute auf der Bildkarte war?*

- *Was haben die Affen eigentlich auf der Palme gemacht?*
- *Wieso klettern die Menschen nicht selbst auf Palmen und holen die Kokosnüsse herunter?*
- *Hast du als Affe gespürt, wie geschickt und mutig du bist?*

Oder Sie fragen reihum:

- *Welche Übung hast du heute am liebsten gespielt?*
- *Warum hast du sie gern gespielt?*
- *War eine Übung dabei, die du nicht so gern spielst?*
- *Warum, meinst du, ist das so?*

Regen Sie Schulkinder dazu an, die Geschichte mit den Yoga-Übungen zu Hause mit den Eltern oder Geschwistern nachzuspielen.

Malen

- Damit die Kinder zu Hause noch wissen, was alles in der Yoga-Spielgeschichte passiert ist, malen sie ein Bild. Dazu legen sie sich mit dem Bauch auf die Matte, Blätter und Stifte liegen in der Kreismitte. Oder sie setzen sich an vorbereitete Tische, die an der Seite des Raumes stehen.
- Das Malen ist auch für Kinder, die sich nicht so gern an den Gesprächen beteiligen, eine gute Möglichkeit sich auszudrücken.
- Schulkinder malen auch gern große Gemeinschaftsbilder auf ein Stück Tapete. Nach jeder neuen Geschichte werden die neuen Spielfiguren (Yoga-Übungen) dazugemalt. So entsteht ein großes Bild, auf dem das Meer, die Insel, der Dschungel, die Berge, Klaus und Tine, alle Tiere ... zu sehen sind.
- Schulkinder malen auch sehr gern die einzelnen Yoga-Übungen auf ein Blatt Papier, z.B. Klaus im Ruderboot und darunter sich selbst in der Boot-Übung, oder Tine, wie sie die Kobra beobachtet, und darunter sich selbst in der Kobra-Übung.
- Anschließend heften sie das gemalte Bild in ihre Mappen. Diese Mappen begleiten die Kinder durch alle Yoga-Angebote.
- Sollte die Angebotszeit von 60 bis 75 Minuten nicht ausreichen, um das Bild abzuschließen, malen die Kinder es zu Hause fertig.
- Sie können die Fantasiegeschichte auch für alle kopieren und mit in die Mappe heften. So erhalten die Eltern die Möglichkeit, dem Kind zu Hause nach dem Yoga-Üben oder vor dem Schlafengehen die Geschichte noch einmal vorzulesen.

Abschlussrituale

- Das Abschlussritual kann das gleiche sein wie das Begrüßungsritual.
- Es kann aber auch ein anderes Ritual sein, z.B. ein kurzes Abschiedslied singen.
- Die Kinder schätzen am Ende eines Yoga-Angebotes auch sehr, wenn sie einen kleinen Einblick in die Inhalte des nächsten Angebotes bekommen, z.B. *„In der nächsten Yoga-Spielgeschichte erfahrt ihr, wohin der Seewind das Boot mit Klaus und Tine gepustet hat."* oder *„In der nächsten Yoga-Spielgeschichte wird Klaus eine ganz besondere Entdeckung machen!"* Solche Aussagen steigern die Vorfreude und motivieren die Kindern dazu, am nächsten Angebot wieder teilzunehmen.
- Wenn Sie es ganz spannend machen möchten, können Sie den Kindern die Lösung auch als Rätsel mitgeben. Der Wortlaut des Rätsels steht dann auf einem Blatt in einem Umschlag, den die Kinder erst zu Hause öffnen, um mit Mama und Papa gemeinsam zu raten.

Aufräumen

Beim Wegräumen aller Matten, Decken und Stifte helfen die Kinder fleißig mit. Sie lernen beim Aufräumen, wo das Material aufbewahrt wird, und helfen einander.

Es ist ratsam, alle Utensilien während der ganzen Angebotszeit in der Einrichtung aufzubewahren, damit auch das nächste Mal alles wieder da ist.

Drei Vorlesegeschichten

In diesen drei Vorlesegeschichten lernen die Kinder Klaus und Tine kennen und erfahren, wie sich die beiden von ihrem Charakter her unterscheiden. Außerdem erfahren die Kinder etwas über den Yoga und werden neugierig darauf, was er wohl ist. So werden sie motiviert, immer mehr von Klaus und Tine und ihrer Yoga-Reise durch Indien zu hören.

1. Geschichte: Klaus und Tine im Bienennest

In einem abgelegenen Gartenhäuschen hinter dem Getreidefeld wohnt Klaus die Maus mit seiner Oma Elfriede. Klaus ist der schnellste Nüsse- und Körnersammler der ganzen Umgebung und Oma Elfriede ist ganz stolz auf ihren kleinen flinken Klaus.

Eigentlich wohnen Mäuse in einer großen Familie zusammen. So war das auch bei der Familie von Klaus. Sie wohnten früher in einem verlassenen Keller unter der Stadt. Aber die Familienmitglieder haben ständig miteinander gezankt und gekämpft. Manche von ihnen haben die anderen sogar gebissen und die Haare herausgezogen. Da wurde es der alten Elfriede zu viel und sie hat den kleinen Klaus einfach an die Pfote genommen und ist losgelaufen. Seither haben beide im alten Gartenhäuschen unter dem Haselnussbaum ihr neues Zuhause.

Dort ist viel Platz und Klaus kann den ganzen Tag rennen, durch den Zaun springen, auf den Nussbaum klettern und Kunststücke machen. Klaus ist auch ständig unterwegs. Er hat schon die ganze Umgebung erforscht, er kennt jede Zaunlatte, jedes Feld. Immer wenn er einem Tier begegnet, ruft Klaus: „Wer bist denn du?“ und wenn eine Antwort kommt wie „Ich bin eine Amei …“, ist er schon über alle Berge.

Doch eines Tages passiert etwas, das Klaus lange nicht vergessen wird.

An einem taufrischen Sommermorgen klettert Klaus auf den Nussbaum. Dort hält er sich mit dem Schwanz an einem Ast fest und schaukelt fröhlich hin und her. Nach einigen Loopings ruft er: „Ich bin der größte, ich bin der schnellste, ich bin der stärkste, ich bin der beste Loopingflieger der ganzen Welt!“ Da rutscht er plötzlich ab und fällt geradewegs in eine Baumspalte hinein.

Was Klaus nicht weiß, ist, dass sich seit kurzem ein Schwarm Honigbienen im Nussbaum niedergelassen hat. Die Bienen fliegen aufgeregt hin und her. Und weil es so eng ist im Nest und das Summen so laut, wird dem kleinen Klaus ganz schwindelig. Er fällt um und rührt sich nicht mehr. Das ist sein Glück, denn die flinken Bienen lassen ihn in Ruhe und suchen aufgeregt das Weite.
Nur eine Biene nicht. Sie ist viel zu dick und mag nicht fliegen. Sie heißt Tine und sitzt lieber den ganzen Tag in einer warmen Wabe. Dabei spielt sie Harfe und summt selbst komponierte Bienenlieder dazu. Sie ist sehr talentiert. Deshalb sind die anderen Bienen auch sehr stolz auf sie und erzählen allen Wald- und Honigbienen der Umgebung von ihrem Wunderkind, das sicher bald sehr berühmt werden wird.
Als Klaus aufwacht, schaut er die Biene mit großen Augen an. Noch nie hat er so eine dicke Biene gesehen.
„Wer bist denn du?", fragt Klaus die Biene. Und als sie antwortet: „Ich bin Tine die Honigbie …" ist Klaus auch schon wieder aufgesprungen. Doch weil das Nest so klein ist, holt er sich gleich eine mächtige Beule und fängt jämmerlich an zu quieken.
Da merkt Tine, dass das Nest für den quirligen Klaus viel zu eng ist, und sagt: „Komm mit, ich zeig dir unseren Hinterausgang. Durch den kommst du schnell nach draußen ins Weite. Aber du musst aufhören zu quieken, denn das stört unsere Bienenkönigin. Die legt gerade in einer besonderen Kammer Eier. Außerdem wohnt hier noch eine alte Eule im Baum!"
Aber das war leichter gesagt als getan, denn Klaus konnte nicht aufhören zu jammern, und Tine stolperte ständig über ihre Beine.

2. Geschichte: Die alte Eule erzählt vom Yoga

Als Klaus und Tine laut und quiekend durch die Baumgänge poltern, treffen sie auf eine riesige alte Eule. Sie sitzt mit gekreuzten Beinen da und rührt sich nicht. Plötzlich öffnet sie ein Auge und fragt: „Was macht ihr hier?"
„Wir? Wir kommen von da", sagt Klaus mit zittriger Stimme und zeigt in die eine Richtung. „Und da wollen wir hin", sagt Tine kaum hörbar und zeigt in die andere.
„So, so!", sagt die Eule. „Ihr wollt also dahin, aber warum macht ihr so einen Krach dabei?" Inzwischen hat die Eule auch ihr anderes Auge geöffnet und betrachtet die beiden ganz genau.
Nach einer Weile wird ihr strenges Gesicht ganz friedlich und sie sagt: „Ihr braucht keine Angst zu haben. Ich werde euch nicht verspeisen, denn ich habe lange Zeit in Indien gelebt und kann mich beherrschen. Außerdem ernähre ich mich nur noch von Fischen!"
„Fische?", rufen Klaus und Tine wie aus einem Munde. „Wir sind keine Fische, wir sind ...".
„Ich weiß", sagt die Eule sichtlich gelassen und streckt ihre Beine aus. Dann streicht sie leicht mit den Flügeln darüber, legt sich auf den Rücken und streckt die Beine nach oben. Nach einer Weile legt sie die Beine wieder ab. Sie steht auf, senkt den Kopf, stützt sich auf die Flügel und hebt die Beine wieder in die Höhe.
Tine staunt und denkt: „Wie kann die alte Eule auf dem Kopf stehen, wo ich nicht mal meine Beinchen zum Flügelputzen hoch bekomme?"
Klaus hingegen hat seine Beule längst vergessen und meint: „Das kann ich auch!"
Im Handumdrehen hebt er seine Beine nach oben und steht auf dem Kopf. Doch das tut ihm nicht gut. Er schreit und fällt um. Jetzt hat er nicht nur eine Beule am Kopf, sondern noch eine zweite am Schwanz.
„Nein, nein", sagt die Eule und schüttelt bedächtig mit dem Kopf, „so schnell geht das nicht! Alles braucht seine Zeit, deshalb musst du geduldig mit dir sein!"
Die Eule setzt sich wieder mit gekreuzten Beinen hin und sagt: „Kommt her, ich erzähle euch von Indien und meiner Tante Alba." Klaus und Tine setzen sich neben die Eule und hören gespannt zu.

„Vor vielen Jahren, als ich noch eine ganz kleine Eule war, nahm mich mein Onkel, der Uhu, eines Tages mit auf einen Besuch nach Indien. Dort lebt eine Tante dritten Grades in einer Felsenhöhle am Meer. Sie heißt Alba die Schleiereule und war damals schon sehr alt und weise.
Zu unserem Erstaunen jagte Alba nicht wie wir in der Dämmerung nach Mäusen, Fröschen, Eidechsen, Insekten und Käfern. Nein, sie verspeiste lieber Fische und manchmal auch Muscheln und trank das reine Tauwasser von den Höhlensteinen. Eigentlich wollte sie gar keine Tiere mehr fressen, sondern nur noch Blätter und Beeren, aber das Grünzeug hat ihr nicht gut getan, denn sie bekam mächtig Bauchweh davon.
Und weil sie so friedlich war, hatten die Tiere der Umgebung keine Angst vor ihr. Jeden Abend trafen sie sich vor ihrer Höhle. Da waren Eidechsen und kleine Schlangen. Auch Affen waren dabei, ein Büffel, ein Löwe, eine Krähe und ein Adler. Jedes Tier zeigte, was es Besonderes konnte, und die anderen Tiere machten es nach.
Der Löwe brüllte laut, die Schlangen rollten sich zusammen, streckten sich wieder aus und hoben den Kopf, der Kranich stand auf einem Bein und der Adler breitete seine Schwingen weit aus und schaute in die Ferne. Der Büffel bewegte den Rücken ganz geschmeidig, die Affen tobten herum und bewegten ihren Po auf und ab und die Eidechsen lagen ganz still und rührten sich nicht.

Nachdem alle gezeigt hatten, was sie konnten, und nachgemacht hatten, was die anderen vorführten, wurden sie müde. Sie setzten sich nebeneinander und lauschten den Erzählungen der weisen Schleiereule Alba. Sie erzählte, dass alle Wesen auf der Erde etwas Besonderes sind und wir viel voneinander lernen können.
„Wir können lernen, aufmerksam wie eine Krähe, gelenkig wie ein Affe, regungslos wie eine Eidechse, im Gleichgewicht wie ein Kranich oder mutig wie ein Löwe zu sein. Das zu lernen ist nicht einfach und braucht Zeit und viel Geduld. Aber wenn wir mit Freude üben, hinschauen, zuhören und spüren, wie sich das anfühlt, werden wir eines Tages vieles können, was wir vorher nie für möglich gehalten haben."
Als die anderen Tiere Alba fragten, woher sie das weiß, sagte sie: „Das hat mich meine Großmutter gelehrt und die hat es von ihrer Großmutter und die von ihrer und so weiter. Dieses besondere Wissen ist schon uralt und wird Yoga genannt".

Die Eule lächelte und sagte: „Ich habe viele Jahre von den anderen Tieren Yoga gelernt und das hat mir gut getan, denn nun kann ich alle viel besser verstehen. Aber das ist noch nicht alles. Als kleine Eule war ich sehr unruhig, gierig und unkonzentriert. Ich konnte über den Tag hinweg kaum schlafen und habe viel zu viel gefressen. Nachts zur Jagd war ich dann immer sehr müde, habe sogar manchmal auf einen Knochen gebissen und mir den Schnabel verletzt. Heute bin ich viel achtsamer und ruhiger und lebe viel gesünder."

Da fallen der Eule die Augen zu und sie sagt gar nichts mehr. Klaus und Tine schauen einander nachdenklich an. Dann krabbeln sie ganz leise aus der Baumhöhle heraus ins Freie. Tine krabbelt vorneweg, denn sie kennt den Weg.
Draußen angekommen springt Klaus sofort vom Baum herunter und rennt schnell nach Hause. In seiner Eile vergisst er ganz, sich von Tine zu verabschieden und vor allem, sich bei ihr zu danken. Das macht Tine traurig und sie kriecht langsam in ihr Bienennest zurück.

3. Geschichte: Klaus und Tine beschließen, nach Indien zu reisen

Nachdem Klaus und Tine die Eule kennen gelernt haben, sitzt Tine am darauf folgenden Tag schon am frühen Morgen am Rande des Bienennestes und beobachtet neugierig, was Klaus so treibt. Klaus hängt wieder am Ast und dreht Loopings. „Das ist ja keine Kunst!", ruft Tine schmollend zu Klaus hinüber. Sie ist noch sichtlich gekränkt vom Vortag. Doch da lässt Klaus den Schwanz plötzlich los und springt genau vor Tines Nase auf einen Ast.
„Wenn das keine Kunst ist, was ist dann Kunst?", schreit er Tine ins Ohr. Tine verzieht das Gesicht, verschränkt die Arme und meint trotzig: „Das, was ich kann, das ist Kunst". Da fängt Klaus an laut zu lachen: „Was kannst du denn schon? Du bist doch viel zu dick und kommst nicht mal aus deinem Nest heraus!"
Jetzt wird Tine richtig wütend und schreit: „Ich bin hoch begabt! Ich kann Bienenlieder komponieren und spiele auf der Harfe. Außerdem werde ich mal sehr berühmt werden."
Als sich Klaus nun ganz bedrohlich über Tine beugt, hören beide jemanden ganz leise kichern. Es ist eine Ameise, die an der Baumrinde hängt. Sie hält sich den Bauch vor Lachen und ruft: „Das da ist Kunst!" Die Ameise zeigt zur anderen Seite des Baumes. Und als Klaus und Tine hinschauen, sehen sie die alte Eule, wie sie auf einem ganz schmalen Ast auf einem Bein steht. Dabei hat sie die Augen geschlossen, die Flügel gefaltet und singt „Uuuuuuuu-uuuuhuuuu, uuuuuuuuuuuuuhuuuu, uuuuuuuuuu".

„Das kann ich auch", schreien Klaus und Tine wie aus einem Munde, worauf sich die Ameise lieber ganz schnell davonmacht. Klaus und Tine schauen sich fest in die Augen und Tine sagt zu Klaus: „Ich werd es dir beweisen!" und verschwindet im Nest.
„Das brauchst du gar nicht, ich bin sowieso besser als DU!", entgegnet Klaus und verschwindet hinterm Gartenhäuschen.
Tine versucht nun heimlich im Nest „Uhuuuuu..." zu singen. Sie bekommt es aber nicht hin.
Klaus trainiert heimlich hinter dem Häuschen auf einem Bein zu stehen. Doch er fällt immer wieder um.

Am nächsten Tag fasst Tine schon ganz früh einen Entschluss: Sie will nach Indien reisen, um Yoga zu lernen. Sie weiß nicht, dass Klaus schon in der Nacht den gleichen Entschluss gefasst hat und bereits auf dem Sprung nach Indien ist. Seiner Oma hat er einen Abschiedsbrief hinterlassen, in dem steht, dass sie sich keine Sorgen machen soll, denn er wird vor dem nächsten Winter zurück sein und ihr dann wieder viel Futter besorgen.
Tine hingegen fällt es viel schwerer, ihre Familie zu verlassen. Schließlich weiß sie nicht, was auf sie zukommt, und zu Hause im Nest wurde sie bisher immer verwöhnt. Außerdem werden alle tausend Bienen todtraurig sein, wenn Tine sie abends nicht mehr in den Schlaf singt. Trotz aller Zweifel ringt sich Tine letztendlich doch durch.
So machen sich beide auf den Weg. Tine in die eine Richtung, Klaus in die andere.
Aber keiner von beiden weiß, wo Indien liegt! So laufen beide in einem großen Halbkreis und kommen schließlich ans große Meer.

48 Yoga-Übungen und ihre Varianten

Die Yoga-Übungen der Stundenbilder

- Die aufgehende Sonne, Beweglichkeitsübung (➜ S. 41)
- Die hellen Sonnenstrahlen, Drehübung (➜ S. 41)
- Das hölzerne Boot 1, Gleichgewichtsübung (➜ S. 41)
- Das hölzerne Boot 2, Gleichgewichtsübung (➜ S. 42)
- Der hohe Turm 1, Umkehrübung (➜ S. 42)
- Der hohe Turm 2, Umkehrübung (➜ S. 43)
- Die bewegliche Schaukel, Beweglichkeitsübung (➜ S. 43)
- Die summende Biene, Atemübung (➜ S. 43)
- Die duftende Blume, Beweglichkeitsübung (➜ S. 43)
- Die schimmernde Muschel, Beweglichkeitsübung (➜ S. 44)
- Der kräftige Holzfäller, Atemübung (➜ S. 44)
- Die spitze Hütte / Der riesige Berg, Umkehrübung (➜ S. 44)
- Der springende Tiger, Vorbeuge (➜ S. 45)
- Der schwingende Bambus, Seitbeuge (➜ S. 45)
- Die sanfte Kuh, Rückbeuge (➜ S. 45)
- Der tanzende Kranich, Gleichgewichtsübung (➜ S. 46)
- Die aufmerksame Krähe, Seitbeuge (➜ S. 46)
- Der drehende Busch, Drehübung (➜ S. 46)
- Der ängstliche Hase, Umkehrübung (➜ S. 47)
- Die schiefe Brücke, Beweglichkeitsübung (➜ S. 47)
- Die stille Eidechse, Rückbeuge (➜ S. 47)
- Der spähende Adler, Gleichgewichtsübung (➜ S. 48)

Hinweis: Der „Ausgleich“ am Ende aller folgenden Übungen ist nur während des Erlernens der neuen Yoga-Übungen und der Wiederholungen wichtig. In den Yoga-Spielgeschichten sorgen die nachfolgenden Übungen und Spielbewegungen bereits für einen Ausgleich.

Die aufgehende Sonne (Beweglichkeitsübung)

- Ausgangsstellung ist die Hocke.
- Die Kinder richten sich langsam auf und heben gleichzeitig ihre gestreckten Arme seitlich nach oben.
- Im Stand senken sie die Arme wieder seitlich nach unten.
- Zum Ausgleich massieren sie im Sitz die Füße.

Die hellen Sonnenstrahlen (Drehübung)

- Ausgangsstellung ist der Stand mit seitlich ausgestreckten Armen in Schulterhöhe.
- Die Kinder drehen den Oberkörper mit den Armen im Wechsel mehrmals nach rechts und links.
- Den Kopf drehen sie mit und schauen jeweils auf die rechte bzw. linke Hand.
- Sie beenden die Übung im Stand mit gesenkten Armen.
- Zum Ausgleich spüren sie im Sitz den Atem.

Das hölzerne Boot 1 (Gleichgewichtsübung)

- Die Kinder stellen im Sitzen die Füße vor dem Gesäß auf und strecken beide Arme nach vorn.
- Sie geben den Oberkörper leicht nach hinten, heben die Füße ab und strecken die Beine schräg nach vorn oben.
- In ihrer Vorstellung schauen sie auf ein Schiff am Horizont (Augen ganz still halten).
- Nach einem Atemzug lösen sie die Bewegung in umgekehrter Reihenfolge wieder auf.
- Zum Ausgleich setzen sie sich auf die Fersen, legen die Stirn auf den übereinander liegenden Händen am Boden ab und entspannen ihren Rücken.

Das hölzerne Boot 2 (Gleichgewichtsübung)

- Die Kinder stellen im Sitzen die Füße vor dem Gesäß auf und strecken beide Arme nach vorn. In ihrer Vorstellung halten sie in den Fäusten zwei Ruder.
- Sie geben den Oberkörper leicht nach hinten, heben die Füße ab und strecken die Beine schräg nach vorn oben. Gleichzeitig winkeln sie die Arme an.
- Im Wechsel Beine anwinkeln (nicht die Füße aufstellen) und Arme nach vorn ausstrecken, Beine schräg nach vorn ausstrecken und Arme anwinkeln (Ruderbewegungen).
- Zum Ausgleich setzen sie sich auf die Fersen, legen die Stirn auf den übereinander liegenden Händen am Boden ab und entspannen im Rücken.

Hinweis: Raten Sie den Kindern, während der Übung die Augen ganz still nach vorn zu richten und in der Vorstellung auf ein Schiff in weiter Ferne zu schauen. So können sie das Gleichgewicht besser halten!

Der hohe Turm 1 (Umkehrübung)

- Die Kinder liegen auf dem Rücken und winkeln die Beine über dem Bauch an.
- Die Fußflächen zeigen nach oben, die Hände halten die Oberschenkel.
- Nach ein bis zwei Atemzügen stellen sie die Füße wieder ab.
- Zum Ausgleich kommen sie in den Fersensitz und biegen den Rücken abwechselnd nach vorn und hinten.

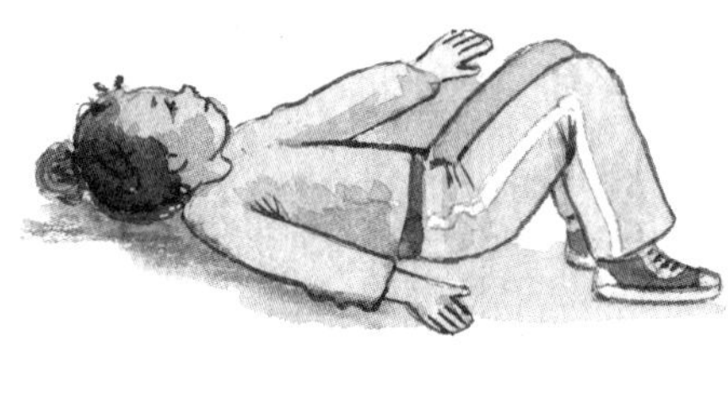

Der hohe Turm 2 (Umkehrübung)

- Die Kinder liegen auf dem Rücken und winkeln die Beine über dem Bauch an.
- Sie heben das Becken nach oben und stützen es mit den Händen.
- Die Beine strecken sie schräg nach oben.
- Nach ein bis zwei Atemzügen lösen sie die Übung in umgekehrter Reihenfolge wieder auf.
- Zum Ausgleich kommen sie in den Fersensitz und biegen den Rücken abwechselnd nach vorn und hinten.

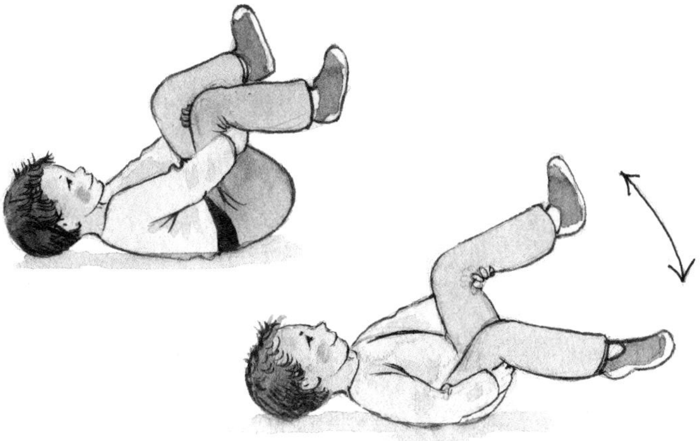

Die bewegliche Schaukel (Beweglichkeitsübung)

- Die Kinder liegen auf dem Rücken und winkeln die Beine über dem Bauch an.
- Sie umfassen die Knie, bewegen die Beine nach Bedarf auseinander und schaukeln abwechselnd nach rechts und links.
- Zum Ausgleich stellen sie die Füße wieder auf und spüren den Rücken.

Die summende Biene (Atemübung)

- Die Kinder summen mehrmals hintereinander ausatmend „Hmmmmm …“.
- Sie stellen sich dabei vor, sie fliegen wie eine Biene summend von Blüte zu Blüte.
- Einatmend stellen sie sich vor, süßen Nektar durch den Bienenrüssel einzusaugen.
- Zum Ausgleich schließen sie die Augen und spüren den Atem.

Die duftende Blume (Beweglichkeitsübung)

- Im Fersensitz bilden die Kinder zwei Fäuste und legen sie vor der Brust aufeinander (geschlossene Blüte). Die Handballen bleiben aneinander.
- Die Kinder spreizen abwechselnd einatmend die Finger (die sich zur Blüte öffnen) und schließen ausatmend die Finger wieder zu Fäusten.
- Zum Ausgleich schließen sie die Augen und spüren den Atem.

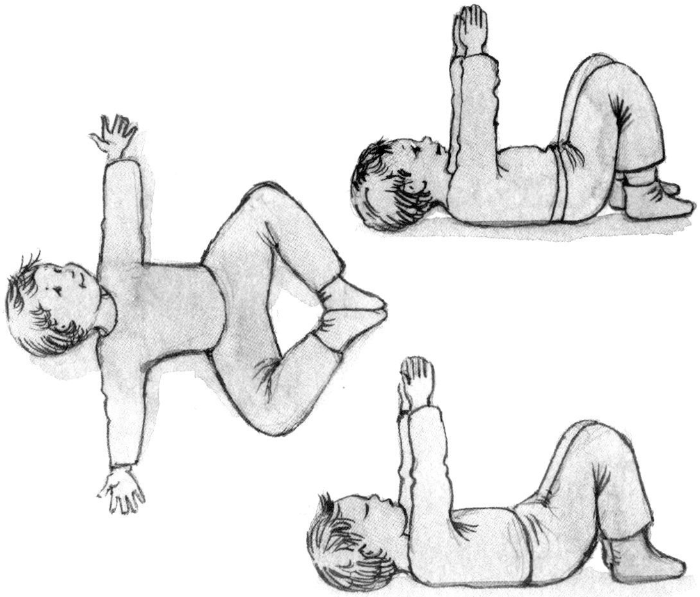

Die schimmernde Muschel (Beweglichkeitsübung)

- Die Kinder liegen auf dem Rücken, die Beine sind geschlossen und die Füße stehen vor dem Gesäß.
- Sie strecken die Arme nach oben und legen die Handflächen aufeinander.
- Einatmend öffnen sie Arme und Beine zu den Seiten, spreizen dabei Arme und Knie auseinander, bis sie den Boden berühren, die Fußflächen liegen aufeinander.
- Ausatmend schließen sie Arme und Beine wieder.
- Nach mehreren Atemzügen strecken sie zum Ausgleich die Beine aus und spüren im Liegen mit geschlossenen Augen dem Atem nach.

Der kräftige Holzfäller (Atemübung)

- Die Kinder stehen im Grätschstand und verschränken die Finger.
- Sie heben einatmend beide Arme nach oben und schwingen ausatmend Arme und Oberkörper nach vorn, als ob sie Holz hacken würden.
- Dabei rufen sie ausatmend kurz und laut drei Mal „Ha“.
- Zum Ausgleich spüren sie im Sitz mit geschlossenen Augen dem Atem nach.

Die spitze Hütte / Der riesige Berg (Umkehrübung)

- Die Kinder stellen im Vierfüßlerstand die Zehenballen auf und heben das Gesäß nach oben, bis Arme, Oberkörper und Beine einen rechten Winkel bilden (Hausdach, Hütte oder hoher Berg).
- Anschließend kommen sie in den Vierfüßlerstand zurück.
- Zum Ausgleich üben sie „Die bewegliche Schaukel“ (→ S. 43).

Der springende Tiger (Vorbeuge)

- Aus dem Grätschstand beugen die Kinder den Oberkörper nach vorn und stellen die Hände auf.
- Als Tiger stehen sie auf vier Beinen und springen in die Hocke (Tigersprung).
- Zum Ausgleich kommen sie in die Rückenlage und spüren den Atem.

Der schwingende Bambus (Seitbeuge)

- Die Kinder stehen im Kniestand. Die Knie sind beckenbreit auseinander.
- Sie heben beide Arme gestreckt über die Seiten nach oben.
- Sie beugen den Oberkörper mehrmals mit den Armen hin und her wie Bambus im Wind.
- Sie beenden die Übung aufrecht und senken die Arme.
- Zum Ausgleich massieren sie die Knie.

Die sanfte Kuh (Rückbeuge)

- Die Kinder stehen im Vierfüßlerstand, der Rücken ist gerade, der Blick nach unten gerichtet.
- Sie biegen den Rücken nach unten, heben den Kopf und richten den Blick nach vorn unten.
- Anschließend kommen sie wieder in die Ausgangsstellung zurück.
- Zum Ausgleich krümmen sie den Rücken nach oben (Büffelrücken), kommen in den Fersensitz, stützen die Unterarme auf und machen eine Pause (Gras fressen oder Wasser trinken).

Der tanzende Kranich (Gleichgewichtsübung)

- Zwei Kinder stehen einander gegenüber und schauen sich an.
- Sie winkeln das rechte Bein im Kniegelenk an, fassen mit der Hand den Fuß hinter dem Gesäß und heben den linken Arm nach oben.
- Sie beugen den Oberkörper nach vorn und halten sich an den Händen. Den hinteren Fuß ziehen sie dabei nach oben. Sie schauen in ihrer Vorstellung auf einen Stein am Boden (Augen ganz still halten).
- Nach einigen Atemzügen kommen sie in die Ausgangsstellung zurück und wechseln das Standbein.
- Zum Ausgleich kommen sie in den Sitz und massieren die Füße.
- In den Spielgeschichten üben die Kinder dann ohne PartnerIn.

Die aufmerksame Krähe (Seitbeuge)

- Die Kinder sitzen aufrecht auf den Fersen und heben die Arme seitlich wie zwei Flügel.
- Sie beugen den Oberkörper abwechselnd nach links und nach rechts.
- Sie beenden die Übung aufrecht.
- Zum Ausgleich legen sich die Kinder auf den Rücken, winkeln die Beine über dem Bauch an, umfassen die Knie und malen mit dem unteren Rücken einen Kreis auf die Unterlage, mal rechts, mal links herum.

Der drehende Busch (Drehübung)

- Im Kniestand, den Oberkörper aufrecht, die Arme (Zweige) seitlich bis in Schulterhöhe erhoben, drehen die Kinder den Oberkörper abwechselnd nach links und nach rechts.
- Sie beenden die Übung aufrecht.
- Zum Ausgleich setzen sie sich auf die Fersen, legen die Stirn auf den übereinander liegenden Händen am Boden ab und entspannen im Rücken.

Der ängstliche Hase (Umkehrübung)

- Die Kinder sitzen auf den Fersen und verschränken die Finger hinter dem Rücken.
- Sie beugen sich ausatmend nach vorn, lösen das Gesäß von den Fersen und legen die Stirn auf die Unterlage.
- Die Arme und Hände (Hasenohren) strecken sie nach oben.
- Einatmend kommen sie wieder in den Fersensitz zurück.
- Zum Ausgleich üben sie „Die bewegliche Schaukel" (➔ S. 43).

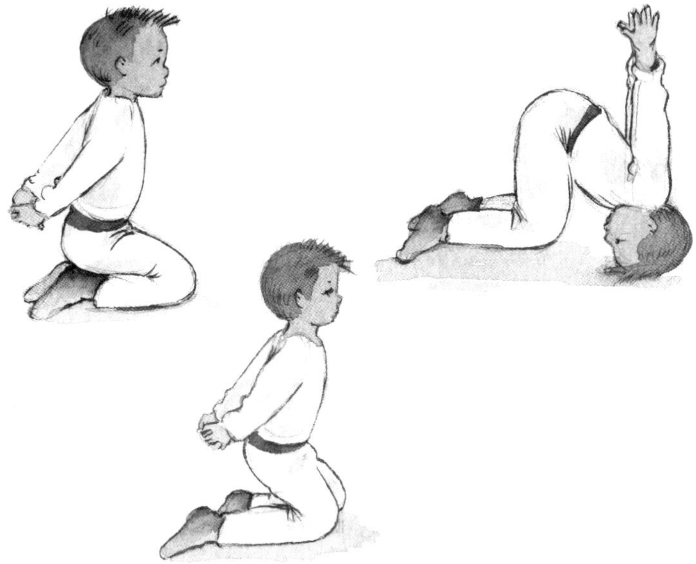

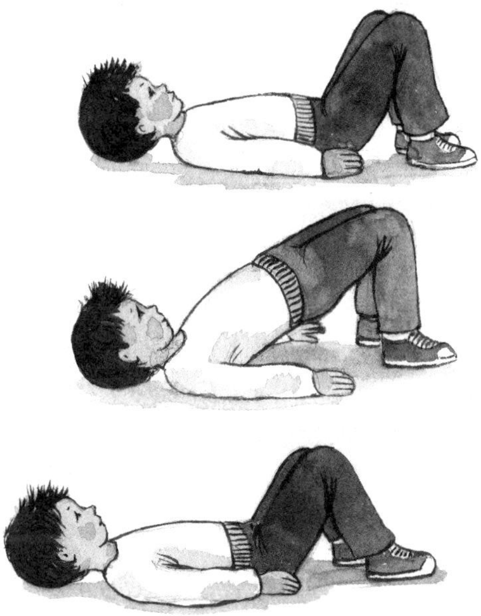

Die schiefe Brücke (Beweglichkeitsübung)

- Auf dem Rücken liegend stellen die Kinder die Füße vor dem Gesäß auf.
- Die Arme liegen eng am Körper, die Hände auf der Unterlage.
- Die Kinder heben ausatmend das Becken von der Unterlage ab und bilden mit Oberkörper und Oberschenkeln eine schiefe Ebene.
- Sie senken einatmend das Becken wieder und legen das Gesäß auf (3x).
- Zum Ausgleich setzen sie sich auf die Fersen, legen die Stirn auf den übereinander liegenden Händen am Boden ab und entspannen im Rücken.

Die stille Eidechse (Rückbeuge)

- Aus der Bauchlage strecken die Kinder die Zehen weg und spannen den Po an.
- Sie heben Kopf und Oberkörper an und stützen sich auf die Unterarme.
- Sie schauen hin und her und legen sich wieder hin.
- Zum Ausgleich legen sich die Kinder auf den Rücken, winkeln die Beine über dem Bauch an, umfassen die Knie und malen mit dem unteren Rücken einen Kreis auf die Unterlage, mal rechts, mal links herum.

Der spähende Adler (Gleichgewichtsübung)

- Auf den Zehenballen hockend bewegen die Kinder die Arme wie Flügel auf und ab.
- Sie schauen in ihrer Vorstellung auf eine Bergspitze (Augen ganz still halten).
- Zum Ausgleich massieren sie im Sitz die Füße.

Die intensiv eingeführten Yoga-Übungen mit Vorstellungsbildern, Übungsverläufen und Übungszielen

- Der hilfsbereite Delfin 1, Rückbeuge (➜ S. 49)
- Der hilfsbereite Delfin 2, Rückbeuge (➜ S. 49)
- Der wehende Wind 1, Atemübung (➜ S. 50)
- Der wehende Wind 2, Atemübung (➜ S. 51)
- Der starke Büffel 1, Vorbeuge (➜ S. 52)
- Der starke Büffel 2, Vorbeuge (➜ S. 53)
- Der stolze Pfau 1, Vorbeuge (➜ S. 53)
- Der stolze Pfau 2, Vorbeuge (➜ S. 54)
- Die schleichende Schlange 1, Rückbeuge (➜ S. 55)
- Die schleichende Schlange 2, Rückbeuge (➜ S. 56)
- Die biegsame Palme 1, Seitbeuge (➜ S. 56)
- Die biegsame Palme 2, Seitbeuge (➜ S. 57)
- Der geschickte Affe 1, Drehübung (➜ S. 58)
- Der geschickte Affe 2, Drehübung (➜ S. 59)
- Der balancierende Flamingo 1, Gleichgewichtsübung (➜ S. 60)
- Der balancierende Flamingo 2, Gleichgewichtsübung (➜ S. 61)
- Das listige Krokodil 1, Drehübung (➜ S. 62)
- Das listige Krokodil 2, Drehübung (➜ S. 62)
- Der mutige Löwe 1, Atemübung (➜ S. 63)
- Der mutige Löwe 2, Atemübung (➜ S. 64)
- Die vorsichtige Schildkröte 1, Vorbeuge (➜ S. 65)
- Die vorsichtige Schildkröte 2, Vorbeuge (➜ S. 66)
- Der verspielte Bär 1, Umkehrübung (➜ S. 66)
- Der verspielte Bär 2, Umkehrübung (➜ S. 67)
- Der halbe Mond 1, Seitbeuge (➜ S. 68)
- Der halbe Mond 2, Seitbeuge (➜ S. 69)

Hinweis: In den folgenden Vorstellungsbildern ist die Ansprache an die Kinder in der Mehrzahl formuliert, z.B. „*Stellt euch vor, …*“, da nach meiner Erfahrung meistens mehrere Kinder unterrichtet werden. Sie können aber auch gerne die Einzahl wählen und sagen: „*Stell dir vor, …*“.

Der hilfsbereite Delfin 1 (Rückbeuge)

Vorstellungsbild

Stellt euch vor, ihr seid Delfine und schwimmt über die Wellen des Meeres. Das Wasser trägt euch und ihr seid ganz leicht. Um euch herum sind viele Delfine, große und kleine. Ihr unterhaltet euch, das klingt wie Klicken, Pfeifen oder Schnattern. Unter Wasser hört sich das an wie Singen. Wenn ihr auf den Wellen reitet, atmet ihr durch ein Blasloch auf dem Kopf. Spürt ihr euren ruhigen Delfin-Atem?

Übungsverlauf

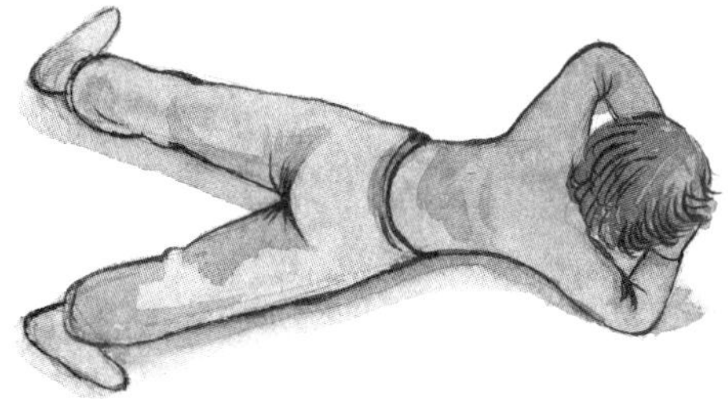

- Die Delfin-Kinder liegen auf dem Bauch.
- Die Hände liegen mit den Handflächen nach unten unter der Stirn (die Arme sind die Seitenflossen).
- Die Beine sind gegrätscht (Schwanzflosse). Die Zehen zeigen nach außen und ziehen in Richtung Schienbeine. Die Fersen werden weggedehnt.
- Die Kinder spüren die Atembewegungen im Körper.
- Ab und zu heben sie mit langem Hals den Kopf und schauen nach vorn. Dabei atmen sie ein (in der Vorstellung durch das Blasloch) und legen ausatmend die Stirn wieder auf.
- Zum Ausgleich üben sie „Die bewegliche Schaukel“ (➜ S. 43).

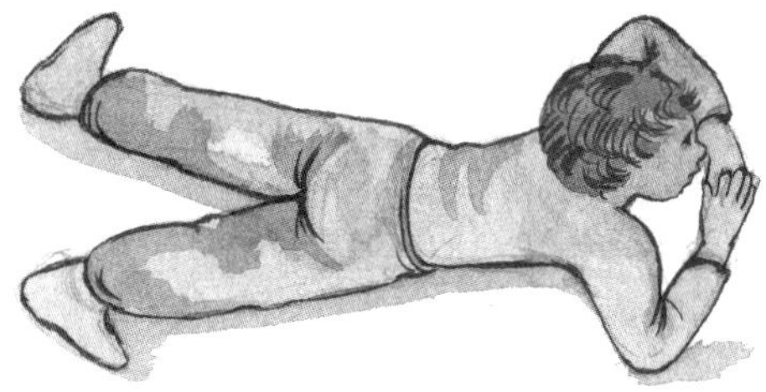

Übungsziele

- Dehnt die Beininnen- und Beinrückseiten sanft
- Weitet den Brustraum durch das nach vorn Legen der Oberarme und Anheben des Kopfes
- Durch das Verweilen in der Übung und das ruhige Atmen entspannt der ganze Körper

Der hilfsbereite Delfin 2 (Rückbeuge)

Vorstellungsbild

Stellt euch vor, ihr seid schnelle Schwimmer und Akrobaten. Ihr könnt schwimmen wie schnelle Pfeile. Ab und zu springt ihr aus dem Wasser heraus in die Luft und taucht wieder ein. Das macht Spaß! Stellt euch vor, wie ausdauernd ihr schwimmt und springt. Spürt ihr euren kräftigen Delfin-Körper?

Übungsverlauf

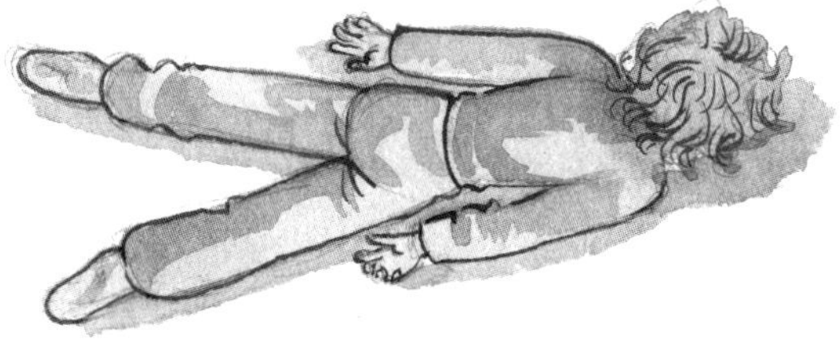

- Ausgangsstellung ist die Bauchlage.
- Die Delfin-Kinder legen die Arme neben dem Körper ab, die Stirn liegt auf der Unterlage.
- Sie strecken die Beine und Zehen gerade weg.

- Einatmend heben sie beide Arme, Beine und den Kopf nach oben. Die Arme sind die Rückenflossen.
- Ausatmend legen sie Arme, Beine und Kopf wieder ab.
- Sie stützen ihre Hände unter den Schultern ab, stellen die Zehen auf und heben einatmend den Po nach oben.
- Ausatmend legen sie den Körper wieder auf.
- Die Kinder wiederholen diese Übung mehrmals.
- Zum Ausgleich rollen sie sich zusammen und spüren nach, wie gut sie sich in dieser Position ausruhen können.

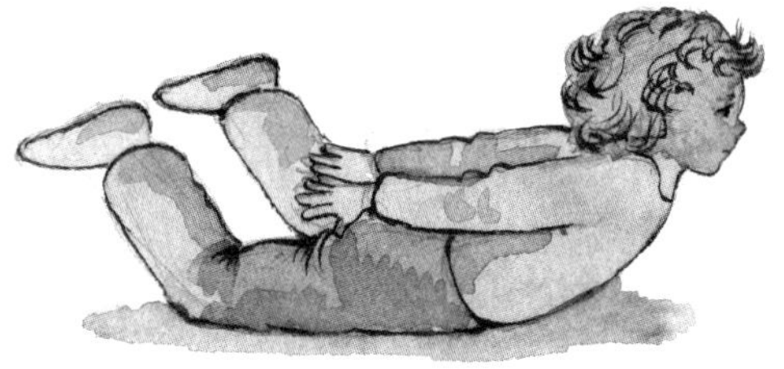

Übungsziele

- Kräftigt die Ganzkörpermuskulatur
- Weitet Brustraum und Atemmuskulatur
- Vertieft die Atmung
- Regt die Blutzirkulation an: macht wach und munter
- Flexibilisiert die Wirbelsäule
- Schult die Grobmotorik
- Stärkt das Selbstbewusstsein
- Richtet die Wirbelsäule auf

Der wehende Wind 1 (Atemübung)

Material: gemalte Bilder von Klaus und Tine, Federn, 1 Wasserschüssel, 1 kleines Segelboot

Vorstellungsbild

Stellt euch vor, ihr seid der Wind. Ihr seid unsichtbare Luft, die sich bewegt. Wenn ihr ganz still seid, kann euch niemand sehen oder hören. Aber riechen!

Manchmal duftet ihr nach Seewasser oder nach Sand oder Erde. Manchmal riecht das angenehm, manchmal nach Moder und faul.

Wenn ihr euch bewegt, werdet ihr zum Wind. Ihr pustet und weht die Wolken ganz schnell über den Himmel. Ihr pustet Blätter und Zweige von den Palmen, treibt die Wellen des Meeres an, bläht die Segel der Schiffe auf und weht den Tieren Sand um die Ohren. Dann können euch alle sehen, riechen und hören: „Puhhhhh ..., Schhhh ...“ Hört ihr eure Windgeräusche?

Übungsverlauf

- Die Wind-Kinder bilden im Fersensitz einen Kreis. In der Mitte liegen leicht fliegende Gegenstände, z.B. gemalte Bilder von Klaus und Tine, Federn, eine Wasserschüssel mit einem kleinen Segelboot.
- Die Kinder legen die Hände auf den Bauch und atmen durch die Nase ein und durch den Mund abwechselnd auf „Puhhh“ und „Schhhh“ ganz langsam aus.

- Sie beginnen leise zu pusten und werden mit jedem Atemzug ausatmend immer lauter und die Gegenstände beginnen zu fliegen.
- Nach und nach werden sie ausatmend wieder leiser. Wo sind die Gegenstände hingeflogen?
- Zum Ausgleich schließen die Kinder die Augen und spüren ihren Atem.

Übungsziele
- Fördert das lange tiefe Ausatmen (gut für Kinder mit Asthma)
- Entschlackt den Körper
- Stärkt das Lungengewebe und die Atemmuskulatur
- Fördert die Durchblutung der Gesichtshaut
- Beruhigt die Nerven und hilft mental loszulassen

Der wehende Wind 2 (Atemübung)

Material: gemalte Bilder von Klaus und Tine, Blätter, Zweige, 1 Spielzeugpalme, 1 Spielzeughütte

Vorstellungsbild
Stellt euch vor, ihr seid ein heftiger Wirbelwind. Ihr erfasst schwere Gegenstände, Pflanzen oder Tiere, und wirbelt sie umher: „Puhhh ..., Schhhh ...“Seht ihr, wie die Gegenstände fliegen?

Übungsverlauf
- Die Wind-Kinder stehen im Kreis. In der Mitte liegen leicht fliegende Gegenstände, z.B. gemalte Bilder von Klaus und Tine, Blätter, Zweige, eine Spielzeugpalme, eine Spielzeughütte.
- Sie heben einatmend (durch die Nase) die Arme nach oben.
- Durch den Mund auf „Puhhh“ und „Schhhh“ ausatmend drehen sie sich im Kreis.
- Dabei senken sie die Arme langsam nach unten und kommen in die Hocke.
- Sie atmen noch einmal ein.
- Ausatmend pusten sie kräftig die Gegenstände in die Luft: „Puhhh“ und „Schhhh“.
- Nach und nach werden sie ausatmend wieder leiser. Wo sind die Gegenstände hingeflogen?
- Zum Ausgleich schließen sie die Augen und spüren ihren Atem.

Übungsziele

- Fördert das lange tiefe Ausatmen (gut für Kinder mit Asthma)
- Entschlackt den Körper
- Stärkt das Lungengewebe und die Atemmuskulatur
- Fördert die Durchblutung der Gesichtshaut
- Schult Gleichgewicht, Koordination und Orientierung
- Beruhigt die Nerven und hilft, mental loszulassen

Der starke Büffel 1 (Vorbeuge)

Vorstellungsbild

Stellt euch vor, ihr seid graubraune Sumpfbüffel und steht bis zum Bauch im Wasser. Ihr seid stark und könnt schwere Säcke tragen. Am Kopf habt ihr zwei gebogene spitze Hörner, damit ihr euch gegen Krokodile wehren könnt, die im Wasser leben.

Ihr seid zutrauliche, ein wenig ängstliche Tiere und lebt deshalb gern bei den Menschen, die euch beschützen. Dafür helft ihr ihnen unermüdlich und fleißig bei der Arbeit. Ihr tut niemandem etwas zuleide und fresst am liebsten Gras.

Stellt euch vor, wie schwer die Säcke auf euren Büffel-Rücken sind.

Und jetzt macht eine Pause, fresst Gras oder trinkt Wasser.

Übungsverlauf

- Ausgangsstellung ist der Vierfüßlerstand. Der Rücken ist gerade.
- Ausatmend senken die Büffel-Kinder den Kopf, ziehen die Bauchmuskeln ein und biegen den Rücken nach oben, so als ob sie eine schwere Last tragen würden.
- Einatmend wird der Rücken wieder gerade.
- Die Kinder wiederholen diese Übung mehrmals.
- Zum Ausgleich setzen sich die Kinder auf die Fersen.
- Sie spreizen die Knie, neigen den Oberkörper nach vorn und legen die Hände unter die Stirn auf die Unterlage. Der Rücken sinkt nach unten.

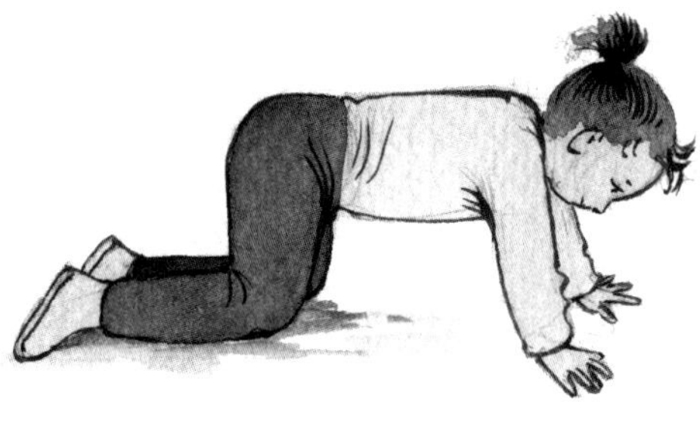

Übungsziele

- Begünstigt die Bauchatmung und kräftigt die Bauchmuskeln
- Regt die Verdauung an
- Löst Verspannungen in der Rückenmuskulatur
- Fördert die Beweglichkeit der Wirbelsäule

Der starke Büffel 2 (Vorbeuge)

Vorstellungsbild

Stellt euch vor, ihr seid Büffel und helft den Menschen, ein großes Reisfeld umzupflügen. Ihr zieht eure schweren Pflüge durch den Sumpf. Ab und zu bleibt ein Pflug im Sumpf stecken. Aber ihr seid stark! Ihr bäumt euch auf und drückt die Beine tief in den Sumpf und zieht den Pflug wieder heraus.
Spürt nach, wie es in den Büffel-Beinen zieht.
Und jetzt macht eine Pause, fresst Gras oder trinkt Wasser.

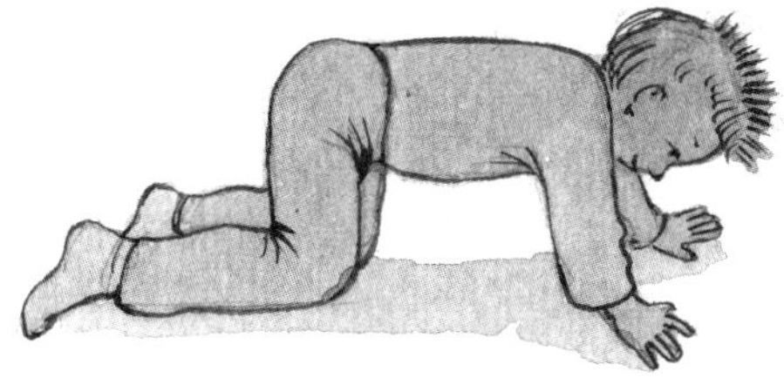

Übungsverlauf

- Aus dem Vierfüßlerstand stellen die Büffel-Kinder die Zehenballen auf und heben den Po nach oben. Die Beine sind gestreckt.
- Weiteratmend beugen und strecken sie die Beine wechselseitig.
- Die Ferse des gestreckten Beins dehnen die Kinder sanft nach unten.
- Die Kinder wiederholen diese Übung mehrmals.
- Zum Ausgleich setzen sich die Kinder auf die Fersen.
- Sie spreizen die Knie, neigen den Oberkörper nach vorn und legen die Hände unter die Stirn auf die Unterlage. Der Rücken sinkt nach unten.

Übungsziele

- Dehnt die Muskeln an den Beinrückseiten und im Rücken
- Stärkt die Arm-, Hand-, Bein- und Fußmuskulatur

Der stolze Pfau 1 (Vorbeuge)

Vorstellungsbild

Stellt euch vor, ihr seid stolze blaue Pfauen mit wunderschönen langen Schwanzfedern, die ihr wie Schleppen hinter euch herzieht. Ihr könnt eure Schwanzfedern wie Fächer kreisförmig aufstellen. Das sieht sehr schön aus. Auf eurem Kopf tragt ihr stolz eure Federkronen. Ihr seid gute Wächter und warnt die Menschen und die Tiere mit eurem Ruf vor Gefahren.
Hört ihr euren Pfauen-Ruf: „Minh-ao“? Und was habt ihr entdeckt?

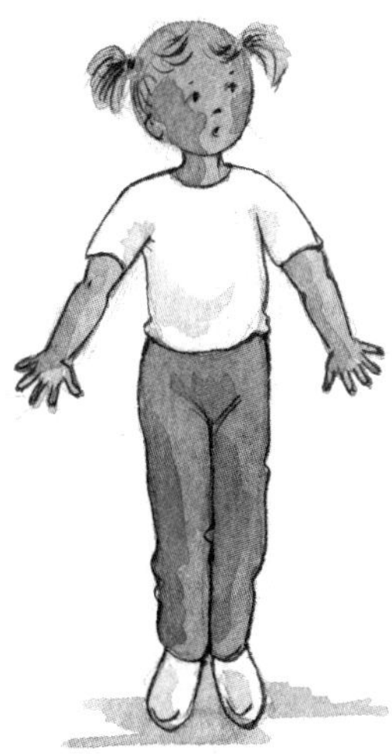

Übungsverlauf

- Die Pfauen-Kinder stehen aufrecht.
- Sie strecken ihre Arme seitlich nach unten und spreizen die Finger wie Schwanzfedern.
- Sie atmen ein und beugen ausatmend den Oberkörper mit langem geradem Rücken nach vorn, während sie „Minh-ao“ rufen.

- Die Arme gehen dabei etwas nach hinten oben und die Schulterblätter kommen zusammen. Der Hals bleibt lang.
- Einatmend richten sich die Kinder wieder auf.
- Sie wiederholen diese Übung mehrmals.
- Zum Ausgleich setzen sie sich auf die Fersen, legen die Stirn auf die übereinander liegenden Hände auf dem Boden und entspannen im Rücken.

Übungsziele

- Dehnt den oberen Brustraum, den Kreuzbeinbereich und die Beinrückseiten
- Regt die Blutzirkulation an, da der Kopf mal oben, mal unten ist
- Stärkt die Rückenmuskulatur

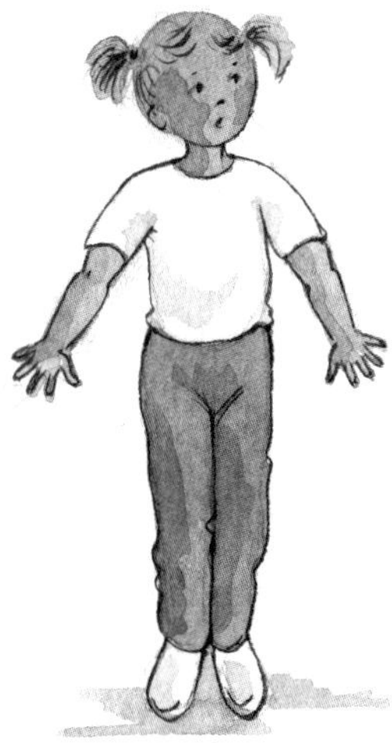

Der stolze Pfau 2 (Vorbeuge)

Vorstellungsbild

Stellt euch vor, ihr seid stolze blaue Pfauen und schreitet majestätisch durch einen Park. Mit euren kurzen spitzen Schnäbeln fangt ihr kleine Schlangen.

Übungsverlauf

- Wie „Pfau 1" (➔ S. 53), nur jetzt nicht „Minh-ao" rufen und während jeder Vorbeuge einen Schritt nach vorn schreiten (1. Schritt rechtes Bein nach vorn, 2. Schritt linkes Bein).
- Die Kinder wiederholen diese Übung mehrmals.

Hinweis: Können die Kinder in der Vorbeuge die Beine nicht lang lassen, beugen sie die Beine in den Kniegelenken etwas an.

Übungsziele

- Dehnt den oberen Brustraum, den Kreuzbeinbereich und die Beinrückseiten
- Regt die Blutzirkulation an, da der Kopf mal oben, mal unten ist
- Fördert das Rechts-Links-Denken und schult die Koordination
- Stärkt die Rückenmuskulatur

Die schleichende Schlange 1 (Rückbeuge)

Vorstellungsbild

Stellt euch vor, ihr seid Königskobras. Ihr habt kleine Köpfe, lange Schwänze und keine Beine. Ihr seid die längsten Giftschlangen der Welt und könnt bis zu fünf Meter lang werden.

Am liebsten seid ihr allein und geht den Menschen aus dem Weg. Doch wenn euch ein Schlangenbeschwörer fängt und in einen Korb steckt, schaut ihr neugierig heraus. Ihr seht, wie sich der Beschwörer mit der Flöte hin und her bewegt. Ihr fühlt euch bedroht und stellt eure Nackenhäute auf. Ihr zeigt eure Giftzähne, steckt die langen Zungen heraus und faucht.

Stellt euch vor, wie gefährlich ihr Kobras ausseht, und zischt wie Schlangen: „Zzzzzzzz …“.

Übungsverlauf

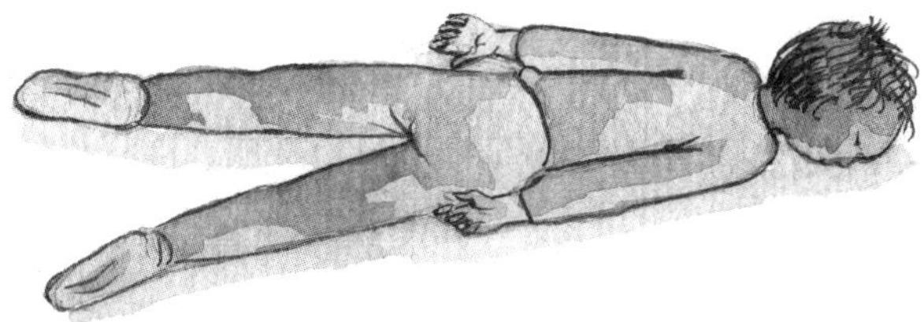

- Die Schlangen-Kinder liegen auf dem Bauch. Die Stirn berührt die Unterlage, der Hals ist lang. Die Hände liegen mit den Handflächen nach oben neben dem Po.
- Die Kinder strecken die Zehen weg, spannen den Po an und heben mit Hilfe der Rückenkraft einatmend erst den Kopf, dann den Oberkörper nach oben. Dabei ist der Hals lang, die Schultern weit weg von den Ohren.
- Nun verschränken sie die Hände über dem Po, die Handinnenflächen zeigen Richtung Kopf.
- Sie strecken die Arme durch und weiten den Brustraum.
- Weiteratmend stecken sie die Zunge weit heraus und zischen.
- Ausatmend legen die Kinder Kopf und Oberkörper wieder ab und entspannen.
- Die Kinder wiederholen diese Übung mehrmals.
- Zum Ausgleich setzen sie sich auf die Fersen, legen die Stirn auf den übereinander liegenden Händen am Boden ab und entspannen im Rücken.

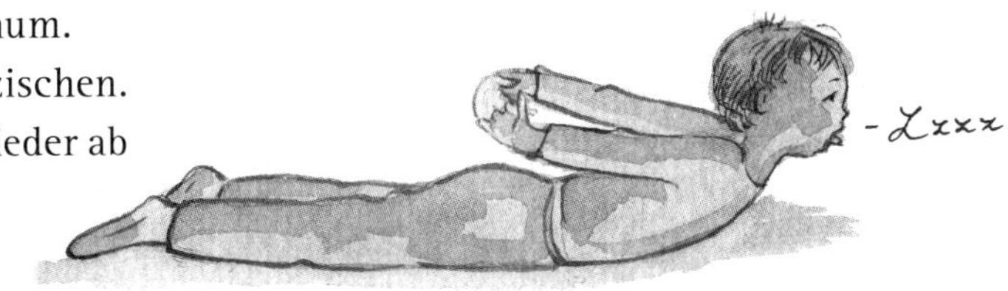

Übungsziele

- Weitet den Brustraum und regt zu tiefer Atmung an
- Stärkt die Rückenmuskulatur und das Selbstbewusstsein
- Regt die Durchblutung in den Gesäß- und Rückenmuskeln an
- Richtet die Wirbelsäule auf

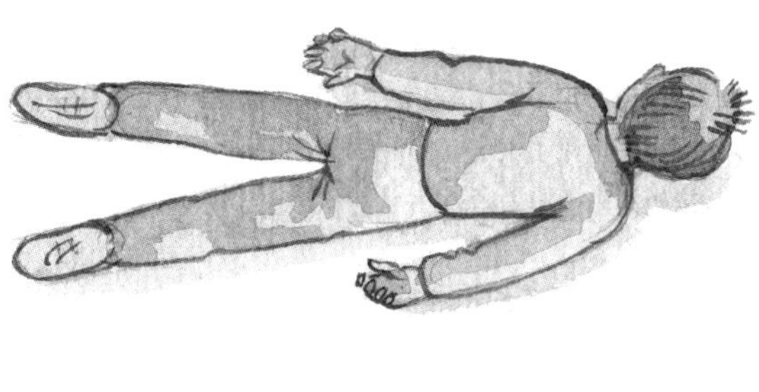

Die schleichende Schlange 2 (Rückbeuge)

Vorstellungsbild

Stellt euch vor, ihr seid Brillenschlangen. Eure Haut ist glatt und schuppig und ihr schlängelt euch ganz beweglich über den Sandboden und die Bäume hinauf. Mit eurem breiten Maul, der langen Zunge und den zwei scharfen spitzen Giftzähnen verschlingt ihr eure Beute mit Haut und Haar.
Ihr werdet bis zu zwei Meter lang und seid noch giftiger als die Kobras. Und ihr könnt zischen: „Zzzzzzzz …“
Eure Nackenhaube ist gemustert und sieht aus wie eine Brille. Daher auch euer Name.
Stellt euch einmal vor, wie gefährlich und kräftig ihr seid.

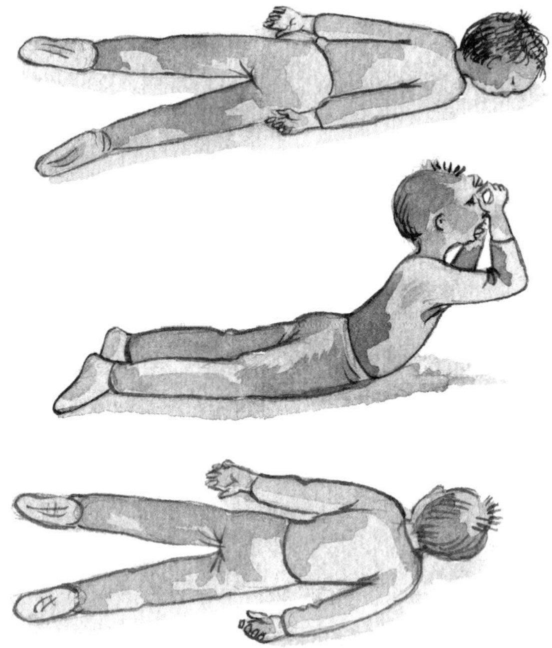

Übungsverlauf

- Wie „Schlange 1“ (→ S. 55), nur dass die Kinder Zeigefinger und Daumen wie zwei Brillengläser aneinander legen, die sie sich vor die Augen halten.
- Dabei zischen sie unentwegt.

Übungsziele

- Weitet den Brustraum und regt zu tiefer Atmung an
- Stärkt die Rücken-, Schulter- und Armmuskulatur und das Selbstbewusstsein
- Regt die Durchblutung in den Gesäß- und Rückenmuskeln an
- Richtet die Wirbelsäule auf

Die biegsame Palme 1 (Seitbeuge)

Vorstellungsbild

Stellt euch vor, ihr seid Kokospalmen. Eure Stämme sind biegsam und eure gefiederten Palmenblätter wiegen sich im warmen Wind hin und her. Ihr habt feste Wurzeln, die euch gut im Boden halten. Euer Stamm ist unten stark und etwas breiter und wird nach oben hin immer schmaler und biegsamer. Deshalb könnt ihr Stürme und Flutwellen unbeschadet überstehen. Manche von euch werden sogar 100 Jahre alt. Eure Blüten und Früchte, die Kokosnüsse, wachsen das ganze Jahr lang immer wieder nach. Sie spenden den Tieren und Menschen wichtige Nahrung. Aus dem Kokoswasser und dem Fruchtfleisch machen die Menschen Kokosraspeln und Kokosmilch, Kokosöl oder -fett und kochen leckere Gerichte. Aus dem Blütensaft, dem Palmnektar, machen sie Palmhonig und Palmwein. Aus eurem Holz werden Häuser gebaut, mit den Blättern Dächer eingedeckt.
Spürt einmal nach, wie der warme Seewind eure Palmblätterkronen hin und her bewegt!

Übungsverlauf

- Ausgangsstellung ist der Stand. Der Rücken ist bewusst aufgerichtet, die Füße stehen zwei Fäuste breit auseinander.
- Die Palmen-Kinder heben beide Arme seitlich etwas an, bis sie schräg nach unten zeigen. Die Finger sind ausgestreckt. Arme und Finger bilden die Palmenkrone.

- Die Kinder wachsen in ihrer Vorstellung etwas in die Höhe. Sie wackeln mit den Fingern (Blattspitzen) und beugen ausatmend den Oberkörper nach rechts. Beine und Becken (der Stamm) bleiben aufrecht und stabil.
- Einatmend kommen sie in die Aufrichtung zurück.
- Die Kinder beugen ausatmend den Oberkörper nach links und kommen einatmend in die Aufrichtung zurück.
- Ausatmend senken sie die Arme wieder.
- Die Kinder wiederholen diese Übung gleich oft auf jeder Seite.
- Zum Ausgleich gehen sie in die Hocke, senken den Kopf, umarmen die Beine und entspannen den Rücken.

Übungsziele
- Fördert die Beweglichkeit der Wirbelsäule durch die Seitbeuge
- Dehnt und komprimiert wechselseitig die seitliche Muskulatur und vertieft die Atmung
- Fördert das Rechts-Links-Denken

Die biegsame Palme 2 (Seitbeuge)

Vorstellungsbild
Stellt euch vor, ihr seid Palmen. Und obwohl ihr schon 30 Meter hoch seid, habt ihr sehr schmale Stämme. Weil ihr aber lange Wurzeln habt, die sieben Meter tief im sandigen Boden verwachsen sind, steht ihr sehr fest. Nur die Kronen schwanken im Wind hin und her.
Spürt einmal, wie fest und stabil die Palmen-Stämme sind und wie beweglich eure Kronen!

Übungsverlauf
- Wie „Palme 1“ (➔ S. 56), nur stehen die Füße ganz eng beieinander.
- Damit die Kinder in der Seitbeuge das Gleichgewicht besser halten können, schauen sie auf ein imaginäres Schiff am Horizont (Augen ganz still halten).

Übungsziele
- Fördert die Beweglichkeit der Wirbelsäule durch die Seitbeuge.
- Dehnt und komprimiert wechselseitig die seitliche Muskulatur und vertieft die Atmung
- Fördert das Rechts-Links-Denken
- Schult den Gleichgewichtssinn und die Konzentration
- Stärkt die Fußmuskulatur

Der geschickte Affe 1 (Drehübung)

Vorstellungsbild

Stellt euch vor, ihr seid graubraune Makak-Affen. Ihr lebt mit euren 50 Verwandten im Palmenwald. Ihr futtert alles gern und stibitzt deshalb den Menschen hier und da eine Nascherei. Doch am liebsten futtert ihr Blätter und Blüten. Davon findet ihr reichlich.
Mit euren kräftigen Armen und Beinen und dem langen Schwanz hüpft und springt ihr sehr lebendig über den Boden.
Ihr klettert auf die Palmen und helft den Menschen, Kokosnüsse zu ernten. Das ist gar nicht so einfach, denn ihr steht auf wackligen Ästen und erntet mal mit der einen Hand, mal mit der anderen Kokosnüsse.
Spürt einmal nach, wie mutig und beweglich ihr seid.
Von der schweren Arbeit ruht ihr euch jetzt ein wenig aus.

Übungsverlauf

- Die Affen-Kinder stehen im Vierfüßlerstand.
- Sie stellen die Zehen auf, heben den Po, grätschen die Beine und strecken die Knie durch.
- Sie heben den rechten Arm seitlich nach oben und drehen gleichzeitig den Rumpf nach rechts und schauen nach oben zur rechten Hand.
- Mit den Fingern der rechten Hand drehen sie eine imaginäre Kokosnuss ab.
- Sie führen den rechten Arm wieder nach unten, stellen die Hand auf und wiederholen das Gleiche auf der linken Seite.
- Die Kinder machen diese Übung gleich oft auf jeder Seite und kommen anschließend wieder in den Vierfüßlerstand.
- Zum Ausgleich setzen sie sich auf die Fersen, legen die Stirn auf die übereinander liegenden Hände auf dem Boden und entspannen im Rücken.
- Sie spüren nach, wie sich das anfühlt.

Übungsziele

- Dreht viele Wirbel
- Kräftigt und dehnt die Rumpfseiten
- Löst Verspannungen in der Atemmuskulatur
- Fördert das Rechts-Links-Denken
- Schult die Geschicklichkeit und Koordinationsfähigkeit
- Fördert Mut und Selbstvertrauen

Der geschickte Affe 2 (Drehübung)

Vorstellungsbild

Stellt euch vor, ihr seid Affen. Ihr seid auf eine 30 Meter hohe Palme geklettert und balanciert dort auf den Palmenblättern. Die Palmen bewegen sich leicht im Wind, deshalb haltet ihr euch mit Händen und Füßen gut fest. Jetzt dreht ihr euch, schaut nach oben und tut so, als würdet ihr mit einer Hand eine Kokosnuss ernten, indem ihr sie abdreht.

Wendet euch nun zur anderen Seite und pflückt ebenfalls eine Kokosnuss.

Spürt einmal, wie kräftig, gelenkig und mutig ihr seid.

Von der schweren Arbeit ruht ihr euch nun ein wenig aus.

Übungsverlauf

- Die Affen-Kinder hocken auf den Fußballen und stellen die Hände neben den Füßen auf. Der Bauch liegt auf den Oberschenkeln.
- Sie machen mit dem linken Bein einen Schritt nach hinten.
- Sobald sie sich in dieser Position sicher fühlen, heben sie den rechten Arm über die Seite nach oben, drehen gleichzeitig den Rumpf nach rechts und schauen nach oben zur rechten Hand.
- Mit den Fingern drehen sie eine Kokosnuss ab.
- Sie führen den rechten Arm wieder nach unten und stellen die Hand auf.
- Sie stellen den linken Fuß neben den rechten.
- Sie wiederholen das Gleiche zur anderen Seite.
- Zum Ausgleich setzen sie sich auf die Fersen, legen die Stirn auf die übereinander liegenden Hände auf dem Boden und entspannen im Rücken.

Übungsziele

- Dreht viele Wirbel
- Kräftigt und dehnt die Rumpfseiten
- Löst Verspannungen in der Atemmuskulatur
- Fördert das Rechts-Links-Denken
- Schult das Gleichgewicht, die Geschicklichkeit und die Koordinationsfähigkeit
- Fördert Mut und Selbstvertrauen

Der balancierende Flamingo 1 (Gleichgewichtsübung)

Vorstellungsbild

Stellt euch vor, ihr seid Flamingos. Euer Gefieder ist rosafarben, eure Hälse lang und gebogen. Ihr liebt es, in guter Gesellschaft zu sein, und seid nie alleine. Ihr schreitet langsamen Schrittes mit euren langen dünnen Beinen durchs Wasser. Zum Futtern taucht ihr euren langen Hals ins Wasser und filtert mit euren gebogenen Schnäbeln Plankton aus dem sumpfigen Boden.

Ihr könnt stundenlang einbeinig im Wasser stehen und dabei sogar einschlafen. Dann steckt ihr euren Schnabel ins Gefieder.

Wenn euer Standbein kalt ist, wechselt ihr es einfach aus, indem ihr euch auf das andere stellt, und wärmt es unter dem Gefieder.

Spürt einmal nach, wie ruhig ihr Flamingos auf einem Bein stehen könnt.

Übungsverlauf

- Ausgangsstellung ist der Stand.
- Die Flamingo-Kinder atmen ganz ruhig und schauen zum Horizont, z.B. in ihrer Vorstellung auf ein Schiff (sie halten die Augen ganz still).
- Sie verlagern das Körpergewicht auf ein Standbein, spreizen die Arme wie Flügel, winkeln das andere Bein an und legen den Unterschenkel parallel zum Boden über der Knieinnenseite des Standbeins ab.
- Die Flamingo-Kinder stehen ganz ruhig und schauen in ihrer Vorstellung auf ein Schiff am Horizont (Augen ganz still halten).
- Nach einigen ruhigen Atemzügen kommen sie wieder in die Ausgangsstellung zurück und wechseln das Standbein.
- Anschließend spüren sie im Stehen nach, ob sie nun stabiler sind.
- Zum Ausgleich massieren sie ihre Füße und Beine im Sitz.

Hinweis: Die Kinder halten sich zunächst zum Üben an einer Stuhllehne oder an der Wand fest und stehen erst später frei.

Übungsziele

- Schult das Gleichgewicht und die Konzentrationsfähigkeit
- Beruhigt die Gedanken
- Stärkt die Beinmuskulatur

Der balancierende Flamingo 2 (Gleichgewichtsübung)

Vorstellungsbild

Stellt euch vor, ihr seid Flamingos und möchtet fliegen. Dazu geht ihr einige schnelle Schritte mit euren langen Beinen übers Wasser und hebt mit kräftigen und regelmäßigen Flügelschlägen ab. Eure Hälse sind ganz lang und eure Beine sind nach hinten gestreckt. Euer Flügelschlag ist schnell und kräftig und ihr segelt mit dem Wind über den Strand.

Stellt euch vor, wie klein die Welt von oben aussieht. Seht genau hin.

Zum Landen lauft ihr wieder ein paar Schritte übers Wasser und ruht euch stehend oder schwimmend aus.

Übungsverlauf

- Die Flamingo-Kinder stehen aufrecht.
- Sie atmen ganz ruhig und schauen zu einem weit entfernten Schiff.
- Sie verlagern das Körpergewicht auf ein Standbein, heben beide Arme wie Flügel bis in Schulterhöhe und stellen das andere Bein gestreckt nach hinten mit den Zehen auf.
- Sie beugen Rumpf und Kopf nach vorn unten und heben das hintere Bein in die Höhe.
- Kopf, Rumpf und ausgestrecktes Bein bilden eine schiefe Ebene oder im Idealfall eine Linie parallel zum Boden.
- Der Blick wandert geradlinig vom Horizont nach unten zur Unterlage.
- Wenn die Kinder das Gleichgewicht gut halten können, schlagen sie mit den Flügeln auf und ab.
- Nach einigen ruhigen Atemzügen kommen die Kinder in umgekehrter Weise in die Ausgangsstellung zurück und wechseln das Bein.
- Anschließend spüren sie im Stehen oder im Fersensitz nach, ob sie nun stabiler sind.
- Zum Ausgleich massieren sie ihre Füße und Beine im Sitz.

Hinweis: Die Kinder halten sich zum Üben an einer Stuhllehne fest, die Arme sind nach vorn gestreckt.

Variante: Zwei Kinder stehen sich gegenüber. Das helfende Kind hält das übende an den Händen. Dann wird gewechselt.

Übungsziele

- Schult das Gleichgewicht und die Konzentrationsfähigkeit
- Beruhigt die Gedanken
- Stärkt die Beinmuskulatur
- Die Variante übt soziales Verhalten

Das listige Krokodil 1 (Drehübung)

Vorstellungsbild

Stellt euch vor, ihr seid Krokodile und liegt mit geschlossenen Augen im warmen Sand. Die Sonne scheint auf eure hornigen Schuppen. Ihr atmet ganz ruhig durch ein ovales Nasenloch weit vorn an eurem breiten flachen Maul.

Plötzlich hört ihr ein Knacken und schaut auf. Da ihr alles fresst, was Beine, einen Schwanz oder Flügel hat, reißt ihr euer Maul gefährlich weit auf und zeigt eure vielen scharfen Reiß- und Fangzähne.

Stellt euch einmal vor, wie gefährlich ihr ausseht.

Übungsverlauf

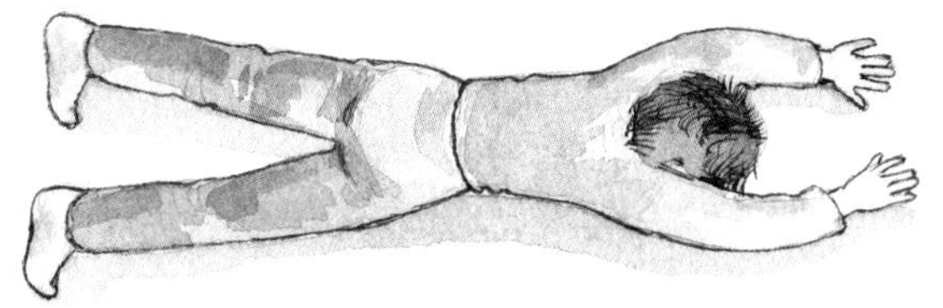

- Die Krokodil-Kinder liegen auf dem Bauch, die Beine sind etwas gespreizt und die Zehenballen sind aufgestellt.
- Die Stirn liegt auf dem Boden und die Arme (Krokodilmaul) sind nach vorn gestreckt.
- Die Krokodil-Kinder öffnen ihr Krokodilmaul und zeigen ihre scharfen Zähne. Dazu heben sie den Kopf und den rechten Arm gestreckt nach oben und drehen den Rumpf.
- Sie liegen auf der linken Beckenseite, Rumpfseite und dem linken Arm.
- Die Kinder schließen ihr Krokodilmaul wieder und legen den Arm wieder ab.
- Sie wiederholen diese Übung gleich oft auf jeder Seite.
- Zum Ausgleich setzen sie sich auf die Fersen, legen die Stirn auf die übereinander liegenden Hände auf dem Boden und entspannen im Rücken.

Übungsziele

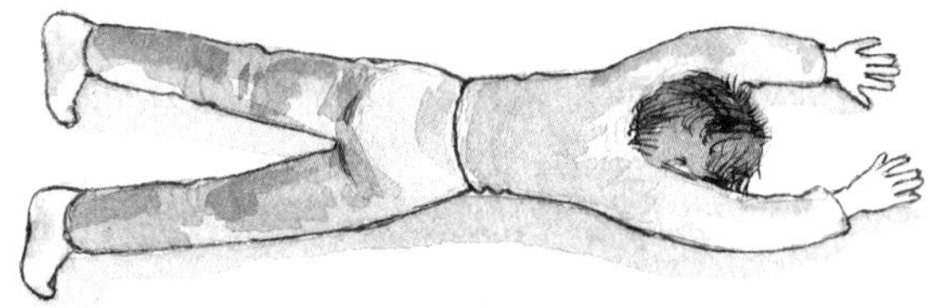

- Dreht viele Wirbel
- Fördert die Beweglichkeit der Wirbelsäule
- Stärkt die Rückenmuskulatur und das Selbstbewusstsein
- Regt die Durchblutung der Rückenmuskulatur an
- Fördert das Rechts-Links-Denken

Das listige Krokodil 2 (Drehübung)

Vorstellungsbild

Stellt euch vor, ihr seid Krokodile und schwimmt im Wasser. Euer Körper ist mit Hornschuppen überzogen, so dass ihr gut geschützt seid. Ihr lasst euch vom Wasser tragen und dreht euren schwerelosen Körper elegant hin und her.

Spürt einmal, wie leicht euer Körper durch das Wasser gleitet.

Übungsverlauf

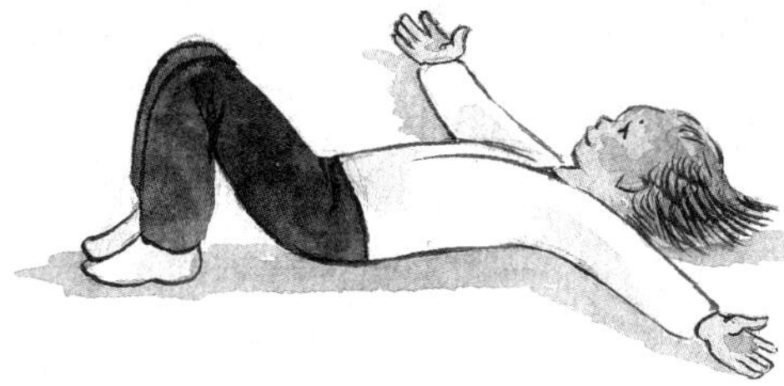

- Die Kinder liegen auf dem Rücken, die Füße sind vor dem Gesäß aufgestellt.
- Die Arme werden in Schulterhöhe ausgestreckt, die Handflächen zeigen nach oben und die Schultern sinken nach unten auf die Unterlage.
- Ausatmend lassen die Kinder die geschlossenen Beine zur linken Seite sinken, während sich der Kopf zur rechten dreht.
- Einatmend drehen die Kinder Beine und Kopf wieder zur Mitte zurück.
- Sie wiederholen diese Übung gleich oft auf jeder Seite und stellen sich vor, im Wasser zu schwimmen.
- Zum Ausgleich winkeln sie die Beine über dem Bauch an, umfassen die Knie und malen mit dem unteren Rücken einen Kreis auf die Unterlage, mal rechts, mal links herum.

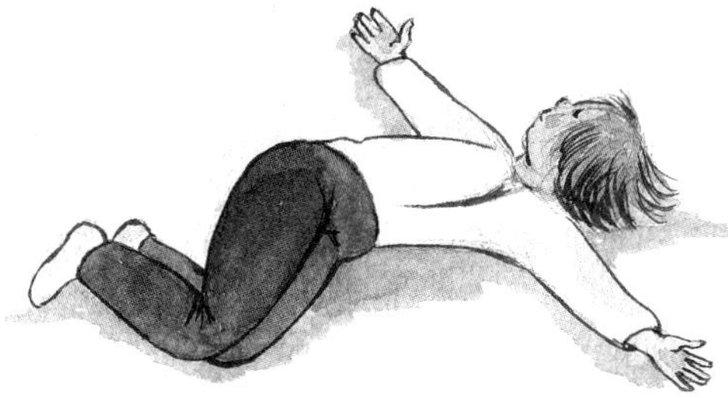

Hinweis: Darauf achten, dass die Schultern in der Drehung auf dem Boden bleiben.

Übungsziele

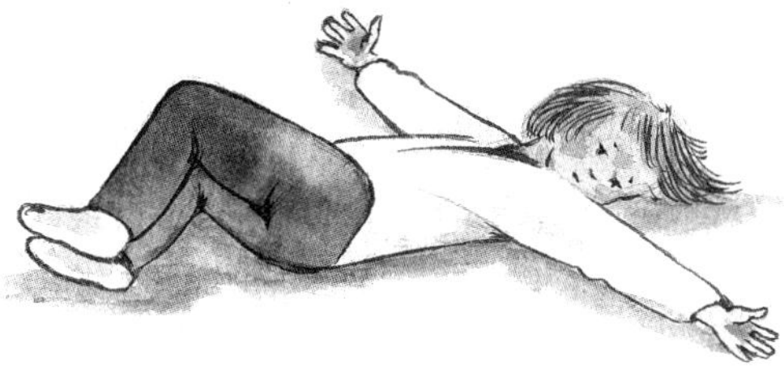

- Dreht sämtliche Wirbel
- Fördert die Beweglichkeit der Wirbelsäule
- Löst Verspannungen im Rücken und in den Seiten
- Regt die Verdauung und die tiefe Atmung an
- Beruhigt die Gedanken
- Fördert das Rechts-Links-Denken

Der mutige Löwe 1 (Atemübung)

Vorstellungsbild

Stellt euch vor, ihr seid graugelbe asiatische Löwen und wohnt mit eurer Löwenfamilie im Nationalpark. Ihr seht aus wie Katzen, nur viel, viel größer, und habt einen Wuschelbart. Ihr liegt gern faul in der Sonne und schlaft. Manchmal setzt ihr euch hin, reißt euer Maul weit auf und gähnt ausgiebig. Das klingt wie Fauchen: „Haaaaa …“. Dann legt ihr euch wieder hin.
Spürt einmal nach, wie gut das tut.

Übungsverlauf

- Die Löwen-Kinder setzen sich auf ihre Fersen. Die Beine sind leicht gespreizt.
- Sie neigen den Oberkörper schräg nach vorn und stützen die Hände auf der Unterlage auf.

- Sie atmen durch die Nase ein, reißen Augen und Mund weit auf und atmen fauchend durch den Mund ganz lang aus: „Haaaaa...". Dabei stecken sie die Zunge weit heraus.
- Einatmend richten sie sich langsam auf.
- Dann legen sie sich hin, die Hände auf der Brust, und spüren dem Atem und dem Entspannungsgefühl im Gesicht, am Hals und in der Brust nach.
- Zum Ausgleich strecken sie die Beine aus und massieren die Knie.

Übungsziele
- Entkrampft die Gesichts- und Atemmuskulatur
- Löst mentale und seelische Verspannungen
- Fördert langes Ausatmen
- Stärkt das Selbstbewusstsein

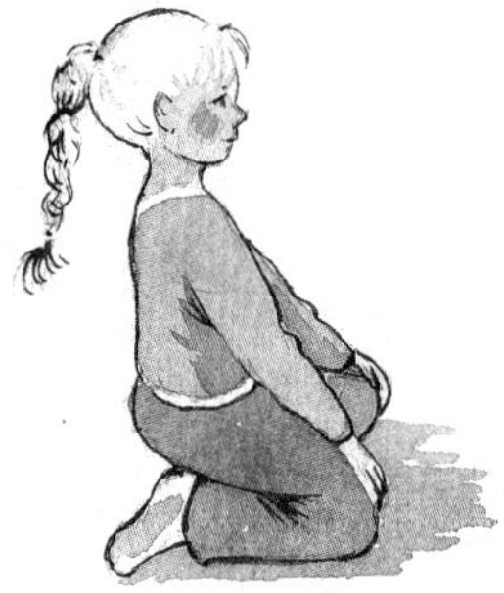

Der mutige Löwe 2 (Atemübung)

Vorstellungsbild

Stellt euch vor, ihr seid der größte und stärkste Löwe im Rudel. Deshalb seid ihr auch der Anführer. Ihr habt die Aufgabe, das Rudel zu beschützen und euer Land vor anderen Löwen zu verteidigen. Um euch Respekt zu verschaffen, brüllt ihr ganz laut: „Uuuaaahhh ...!" und zeigt eure scharfen Reißzähne und die Löwenpranken mit den spitzen Krallen. Da bekommen alle Eindringlinge große Angst und laufen weg. Könnt ihr euch vorstellen, wie gefährlich ihr ausseht?

Übungsverlauf
- Die Löwen-Kinder sitzen aufrecht im Fersensitz, die Beine sind leicht gespreizt, die Hände liegen auf den Oberschenkeln.
- Sie schauen in die Ferne und stellen sich einen Eindringling vor, den sie erschrecken wollen.
- Sie atmen durch die Nase ein und weiten den Brustraum, beugen den Oberkörper nach vorn, heben die Hände, spreizen die Finger und brüllen ausatmend: „Uuuaaahhh!" Dabei reißen sie die Augen auf und strecken die Zunge heraus.
- Einatmend kommen sie in die Aufrichtung zurück.
- Anschließend legen sie sich hin, die Hände auf der Brust, und spüren dem Atem und dem Entspannungsgefühl im Gesicht, am Hals und in der Brust nach.
- Zum Ausgleich strecken sie die Beine aus und massieren die Knie.

Übungsziele

- ❍ Entkrampft die Gesichts- und Atemmuskulatur
- ❍ Löst mentale und seelische Verspannungen
- ❍ Fördert langes Ausatmen
- ❍ Stärkt das Selbstbewusstsein

Die vorsichtige Schildkröte 1 (Vorbeuge)

Vorstellungsbild

Stellt euch vor, ihr seid Sternschildkröten. Ihr habt vier Beinchen und auf eurem Rücken einen Panzer aus Hornplatten. Ihr heißt Sternschildkröte, weil euer Panzer mit vielen Sternen gemustert ist. Da ihr Landschildkröten seid, sucht ihr Schutz unter einem Busch. Wegen eurer schwarz gelblichen Färbung findet man euch im hohen Gras nicht. Ihr könnt gut riechen und sehen und zieht euren Kopf und die Beine unter euren großen Panzer, bevor ein Angreifer, z.B. eine Krähe, euch verletzen kann.

Den Panzer habt ihr immer bei euch. Darunter könnt ihr euch jederzeit verstecken.

Spürt einmal nach, wie euch ein fester dicker Panzer aus Hornplatten schützt. Darunter könnt ihr ganz ruhig sein.

Übungsverlauf

- Ausgangsstellung ist der Fersensitz.
- Die Kinder beugen ausatmend den Oberkörper nach vorn.
- Sie legen den Bauch auf ihre Oberschenkel und die Stirn auf die Unterlage. Die Arme liegen an den Seiten. Die Handflächen neben den Füßen zeigen nach oben.
- Die Kinder schließen die Augen und stellen sich den schützenden Panzer auf dem Rücken vor.
- Sie spüren eine Weile ihren ruhigen Atem. Dabei nehmen sie wahr, wie sich die Seiten im Rhythmus ihrer Ein- und Ausatmung bewegen.
- Einatmend kommen sie in den Fersensitz zurück.
- Zum Ausgleich üben sie „Die bewegliche Schaukel" (➜ S. 43).

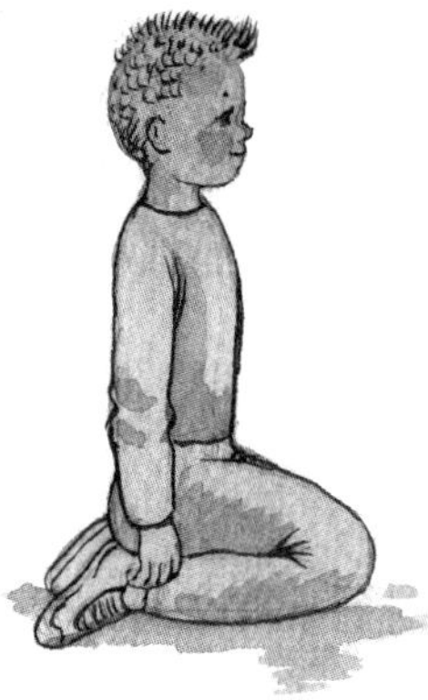

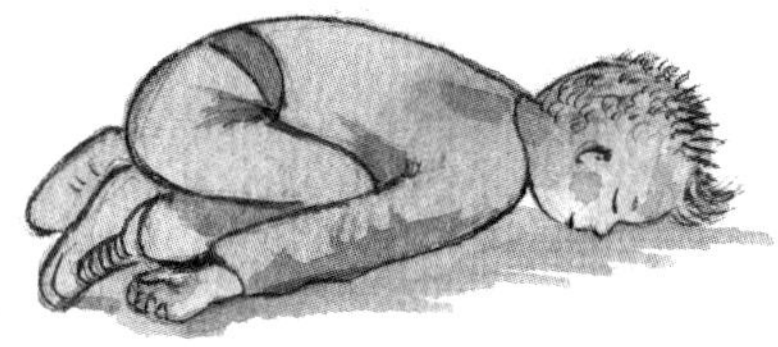

Übungsziele

- ❍ Beruhigt das Nervensystem durch das Verweilen in der Übung und das ruhige Atmen
- ❍ Entspannt Rücken- und Schultermuskulatur
- ❍ Fördert die Innenraumwahrnehmung
- ❍ Regt die Verdauung an

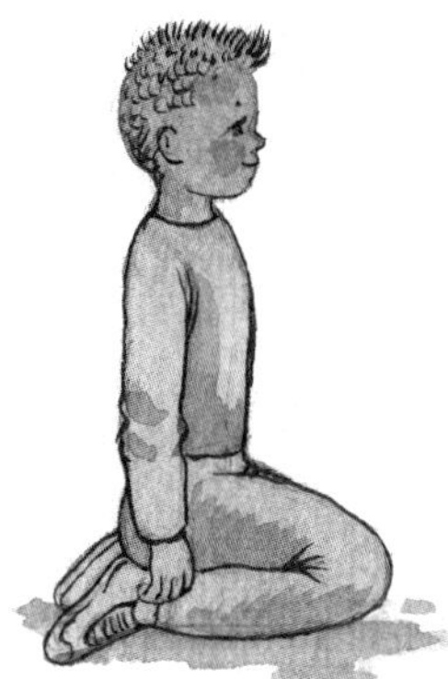

Die vorsichtige Schildkröte 2 (Vorbeuge)

Vorstellungsbild

Stellt euch vor, ihr seid Schildkröten. Ihr habt Hunger bekommen, weil ihr viel gelaufen seid, und möchtet Blätter, Gräser und Blumen futtern. Dazu streckt ihr eure Vorderbeine nach vorn, macht euren Hals lang und reißt mit dem Maul kleine Blattstücke ab, die ihr unzerkaut hinunterschluckt. Denn ihr habt keine Zähne!
Stellt euch vor, wie die Blätter wohl schmecken.

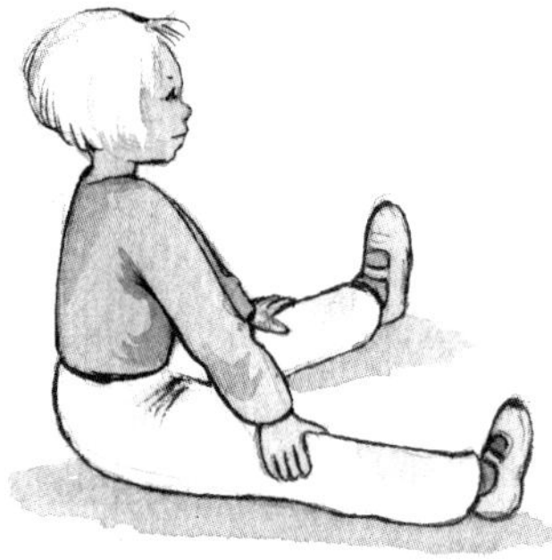

Übungsverlauf

- Die Kinder grätschen im Sitz die Beine, heben beide Knie an und stellen die Fußflächen auf.
- Damit die Schildkröten-Kinder nicht auf ihrem Schwanz sitzen, streichen sie ihre Pohälften (den Schwanz) mit den Händen nach hinten aus. So können sie sich anschließend auch leichter nach vorn beugen.
- Ausatmend beugen sie den Oberkörper nach vorn und stecken beide Arme von innen unter den Knien durch und fassen mit den Händen die Füße von außen. Der Hals ist lang, der untere Rücken ist gerundet.
- Weiteratmend bewegen sie den Unterkiefer und schnappen nach Blättern. Einatmend richten sie sich auf und kommen in den Grätschsitz zurück.
- Zum Ausgleich üben sie „Die bewegliche Schaukel" (→ S. 43).

Übungsziele

- Dehnt Kreuzbein- und Rückenmuskulatur
- Regt die Verdauung an

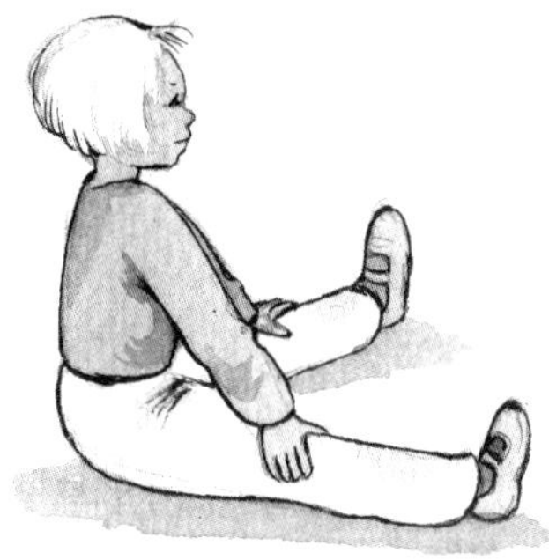

Der verspielte Bär 1 (Umkehrübung)

Vorstellungsbild

Stellt euch vor, ihr seid Lippenbären mit einem schwarzen zotteligen Fell, einem weißen Latz und einem Stummelschwanz. Ihr könnt mit euren großen Bärentatzen und krummen Krallen Termitenhügel aufreißen, den Staub wegpusten und mit eurer langen Zunge und den großen Lippen Termiten einsaugen und schlecken. Wenn ihr keine Termiten findet, fresst ihr Ameisen, Früchte, Bienen und Honig.
Da ihr nicht gut seht und hört, seid ihr sehr scheu und schreckhaft.
Ihr tollt gern mit euren zwei Jungen vor der Bärenhöhle herum, manchmal reitet eines auf eurem Rücken. Jetzt habt ihr genug getollt und euch tut der Rücken weh. Legt euch auf den Rücken und streckt alle vier Beine in die Luft. Das tut gut. Manchmal strampelt ihr mit den Beinen und reibt euer Fell auf dem Boden. Wie gut das eurem Bärenrücken und den Bärenbeinen tut!

Übungsverlauf

- Die Bären-Kinder liegen auf dem Rücken und stellen die Füße vor dem Gesäß auf. Die Arme liegen an den Seiten.
- Sie ziehen die Oberschenkel an den Bauch heran, heben die Arme an und dehnen ausatmend Füße und Hände gleichzeitig nach oben, wobei die Fuß- und Handflächen nach oben schauen.
- Einatmend winkeln sie die Beine an und legen Arme und Füße wieder auf.
- Die Kinder wiederholen diese Übung mehrmals.
- Zum Ausgleich strampeln sie erst mit den Beinen und dann winkeln sie die Beine über dem Bauch an, umfassen die Knie und malen mit dem unteren Rücken einen Kreis auf die Unterlage, mal rechts, mal links herum.

Übungsziele

- ❍ Fördert die Grobmotorik und Gelenkigkeit
- ❍ Regt den Kreislauf an

Der verspielte Bär 2 (Umkehrübung)

Vorstellungsbild

Stellt euch vor, ihr seid Lippenbären und seid mit euren zwei Jungen den ganzen Tag berauf und bergab gelaufen. Nun tun euch die Bärentatzen weh. Ihr legt euch auf den Bärenrücken und streckt alle vier Tatzen nach oben in den kühlen Bergwind.

Und weil das so gut tut, haltet ihr noch eine Weile die Bärenbeine in den Wind.

Dabei schaut ihr in die Wolken, die ganz ruhig über den Himmel ziehen.

Dann strampelt ihr mit den Beinen in die Luft und reibt euer Fell auf dem Boden. Wie gut das eurem Bärenrücken und den Bärenbeinen tut!

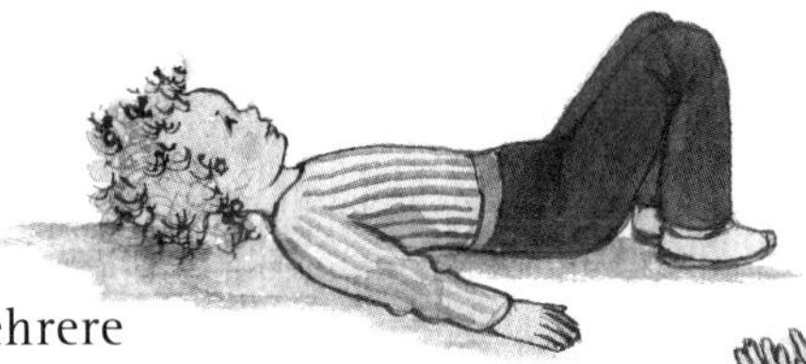

Übungsverlauf

- Wie „Bär 1“ (➔ S. 66) nur die Beine und Arme über mehrere Atemzüge gedehnt nach oben halten. Dann kurz die Beine grätschen und die Übung in umgekehrter Reihenfolge beenden.

Übungsziele

- ❍ Fördert die Grobmotorik und Gelenkigkeit
- ❍ Kräftigt die Bauchmuskulatur
- ❍ Regt den Kreislauf an

Der halbe Mond 1 (Seitbeuge)

Vorstellungsbild

Stellt euch vor, ihr seid der Mond am Himmel. Eigentlich seid ihr rund und hell, da die Sonne den Mond anstrahlt. Das Leuchten ist aber von der Erde aus nicht immer sichtbar. Schiebt sich die Erde zwischen Sonne und Mond, seht ihr nur einen Teil von ihm, eine Mondsichel, die mal nach links und mal nach rechts gebogen ist. Heute seid ihr der halbe Mond.
Spürt jeweils nach, zu welcher Seite sich die Mondsichel gerade biegt.

Übungsverlauf

- Ausgangsstellung ist der Stand, der Rücken ist bewusst aufgerichtet, die Füße stehen faustbreit auseinander.
- Die Kinder heben einatmend den rechten Arm nach oben.
- Ausatmend beugen sie den Arm über dem Kopf nach links. Gleichzeitig beugen sie den Oberkörper im Brustraum auch nach links. Das Becken bleibt in der Mitte und stabil.
- Einatmend kommen sie zur Mitte zurück.
- Ausatmend senken sie den Arm nach unten.
- Die Kinder heben einatmend den linken Arm nach oben.
- Sie beugen ausatmend den Arm über dem Kopf nach rechts. Gleichzeitig beugen sie den Oberkörper im Brustraum nach rechts. Das Becken bleibt in der Mitte und stabil.
- Einatmend kommen sie zur Mitte zurück, ausatmend senken sie den Arm nach unten.
- Die Kinder wiederholen diese Übung genauso oft auf jeder Seite.
- Zum Ausgleich gehen sie in die Hocke, senken den Kopf, umarmen die Beine und entspannen ihren Rücken.

Übungsziele

- ❍ Dehnt und komprimiert abwechselnd die seitliche Brustmuskulatur und vertieft die Atmung.
- ❍ Löst Verspannungen in der Zwischenrippen-, Rücken-, Brust- und Seitenmuskulatur
- ❍ Fördert das Rechts-Links-Denken
- ❍ Wirkt ausgleichend

Der halbe Mond 2 (Seitbeuge)

Vorstellungsbild

Stellt euch vor, ihr seid der Mond am Himmel. Mal nehmt ihr zu und mal nehmt ihr ab.
Wenn ihr gerade zunehmt, seid ihr wie eine Sichel nach rechts gebogen. Wenn ihr gerade abnehmt, seid ihr wie eine Sichel nach links gebogen. Dabei schaut ihr auf die Erde und wünscht allen Tieren, Menschen und Pflanzen eine gute Nacht. Und wenn einige von ihnen nicht einschlafen können, pustet ihr ein wenig Mondstaub in den Himmel. Das blitzt und funkelt. Nachdem sich der Mondstaub auf die Erde gelegt hat, verwandelt er sich in wunderschöne Träume. Dann lächeln alle Tiere, Menschen und Pflanzen im Schlaf.

Übungsverlauf

- Wie „Mond 1“ (➜ S. 68), nur jetzt heben die Kinder beide Arme nach oben und legen die Fingerkuppen aneinander.
- Sie schieben ausatmend das Becken nach links und beugen den Oberkörper nach rechts.
- Einatmend kommen sie zur Mitte zurück.
- Sie schieben ausatmend das Becken nach rechts und beugen den Oberkörper nach links.
- Einatmend kommen sie zur Mitte zurück.
- Die Kinder wiederholen diese Übung gleich oft pro Seite.
- Abschließend spüren sie im Stand in beide Körperseiten. Wie fühlen sie sich an?
- Zum Ausgleich kommen die Kinder in die Hocke, senken den Kopf, umarmen die Beine und entspannen den Rücken.

Hinweis: Lassen Sie die Kinder erst einmal an der Wand stehend üben. Es ist wichtig, dass sich die Kinder zur Seite beugen und nicht nach vorn kippen!

Übungsziele

- Dehnt und komprimiert abwechselnd die seitliche Muskulatur ab den Füßen bis zu den Händen und vertieft die Atmung.
- Löst Verspannungen in der Zwischenrippen-, Rücken-, Brust- und Seitenmuskulatur
- Fördert das Rechts-Links-Denken
- Stärkt die Muskulatur
- Wirkt ausgleichend

14 Yoga-Spielgeschichten mit Übungsangaben und Traumgeschichten

In Tines 1. bis 4. Spielgeschichte finden Sie die leichteren Yoga-Übungsvarianten mit der Ziffer 1. In Klaus' 1. bis 4. Spielgeschichte und in allen weiteren Spielgeschichten finden Sie beide Yoga-Übungsvarianten mit der Ziffer 1 und/oder 2. Sie wählen aus, welche Übungsvarianten für Ihre Kinder passend sind (s. Flexibler Umgang mit fortlaufenden Yoga-Übungen, S. 25). So können Sie in der Praxis sehr flexibel auf die Bedürfnisse Ihrer Kinder eingehen.

1. Spielgeschichte: Tine fährt mit dem Dampfer übers Meer

Neue Übungen

- Die hellen Sonnenstrahlen (→ S. 41)
- Das hölzerne Boot 1 (→ S. 41)
- Der hohe Turm 1 (→ S. 42)
- Der hilfsbereite Delfin 1 (→ S. 49)
- Die bewegliche Schaukel (→ S. 43)
- Die summende Biene (→ S. 43)

Intensiveinführung mit Vorstellungsbild

- Der wehende Wind 1 (→ S. 50)

Yoga-Spielgeschichte mit Tine

Nachdem sich Tine von ihrer großen Familie verabschiedet hat, läuft sie auf ihren schwachen Beinchen langsam los.

auf allen vieren laufen

Immer, wenn sie stolpert oder wenn ihre Beine weh tun,

auf allen vieren stolpern

macht sie sich ganz groß.

aufrichten und dehnen

Sie breitet ihre Flügel aus und fliegt ein Stückchen.

im Stand Flugbewegungen

Doch das Fliegen ist nicht leicht mit einer Harfe unter den Flügeln.

Die hat sie mitgenommen, damit sie sich in der Fremde nicht einsam fühlt.

Tine schaut in den Himmel.

nach oben schauen

Wolken ziehen vorüber und plötzlich hat eine Wolke ganz heftig gepustet und Tine bis ans Meer getragen.

im Stand Flugbewegungen

Tine landet ganz weich im Sand und sieht die helle Sonne am Himmel stehen.

Die hellen Sonnenstrahlen

Sie sieht auch viele bunte Fahnen im Winde wehen und einen Bootshafen.

Arme schwingen

„Das trifft sich aber gut", denkt Tine. „Da kann ich mit einem hölzernen Schiff nach Indien reisen!"

Das hölzerne Boot 1

Prima, dass Tine so gut Fahrpläne lesen kann. So findet sie tatsächlich ein Segelschiff, das nach Indien schippert. Sie fliegt auf den höchsten Mast des Schiffes.

im Langsitz Flugbewegungen

Vom Mast aus hat sie einen guten Überblick über das große Meer.

im Langsitz schauen

Von Weitem sieht sie einen Leuchtturm.

Der hohe Turm 1

Und ganz hinten am Horizont sind viele Delfine.

Der hilfsbereite Delfin 1

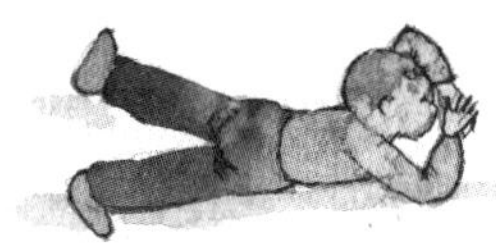

Das Schiff schaukelt sanft über die Wellen.

Die bewegliche Schaukel

Tine schaut in den blauen Himmel hinein. Dort sieht sie weiße Wolken, die jetzt ganz langsam vorbeiziehen. Davon wird sie ganz müde. Sie holt ihre Harfe hervor und spielt darauf ein Bienenschlaflied: „Bing, bing, bing ..."

im Fersensitz tönen

Dazu summt sie ganz leise: „Hmmmmm ...“ — **Die summende Biene**

Und der Wind rauscht: „Puhhh ... Schhh ...“ — **Der wehende Wind 1**

Tine legt sich in ein schützendes Mastloch und spürt die angenehm warmen Sonnenstrahlen, zuerst auf ihren Flügeln, dann auf ihrem Bauch und zuletzt auf ihren Beinchen.
Sie schließt ihre Augen und beginnt zu träumen. — **auf den Rücken legen**

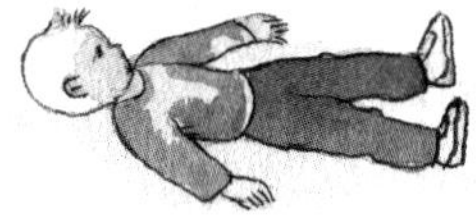

Traumgeschichte

Im Traum sieht Tine die Wolken am Himmel. ✧✧✧ Manche sind groß und gewaltig. Andere klein und fein. ✧✧✧ Manche verändern ihr Aussehen, werden dicker oder zerteilen sich. ✧✧✧ Wieder andere verfärben sich, werden heller oder dunkler. ✧✧✧ Manche Wolken bekommen dunkle Flecken. Und als Tine eine Wolke im Traum ganz genau anschaut, sieht sie ein Gesicht: zwei freundliche Augen, eine Knollennase und einen Mund. ✧✧✧

Die Wolke lächelt ihr zu. Dann fängt sie leise an zu sprechen: „Hallo Tine, ich beobachte dich schon den ganzen Tag. Wo willst du denn hin?“ ✧✧✧ „Nach Indien will ich!“, murmelt Tine im Traum. ✧✧✧ „Indien ist sehr weit“, sagt die Wolke. „Was willst du denn in Indien?“ ✧✧✧ „Ich will Yoga lernen.“ ✧✧✧ „Yoga kenne ich auch!“, sagt die Wolke. „Ich habe Puste-Yoga von meinen Verwandten, den Cumuluswolken aus dem Himalaya, gelernt. Der Himalaya ist ein Riesengebirge in Indien. Schau her, ich zeige dir Puste-Yoga!“ ✧✧✧

Die Wolke holt tief Luft und beginnt zu pusten. Erst leise, dann immer kräftiger und lauter. ✧✧✧ Davon werden die Wellen des Meeres immer größer. ✧✧✧ Die Segel des Schiffes blähen sich auf und es kommt ganz schnell vorwärts. Das findet Tine toll, denn nun kommt sie noch viel schneller nach Indien. ✧✧✧ Dabei pustet sie im Schlaf genauso wie der Wolkenwind. „Puhhhhhhhhh, puhhhhhhhhhhhh ...“ ✧✧✧
Und die Wellen rauschen dazu: „Schhhh, schhhhh, schhhhh ... puhhhhhhhhh ... schhhh ... puhhhhhhhhh ... schhhh ... puhhhhhhhhh ... schhhh ...“ ✧✧✧

Lange liegt Tine auf dem Mast und träumt von der Wolke, dem Meer und ihrer schönen Reise. ✧✧✧ Dabei wird der Himmel immer dunkler und nach und nach werden Sterne sichtbar, bis der ganze Himmel voller Sterne leuchtet. ✧✧✧

Und Tine? ✧✧✧ Tine schläft und träumt. Sie träumt von ihrer schönen langen Reise.

1. Parallel-Spielgeschichte: Klaus rudert mit dem Boot übers Meer

Neue Übungen

- Die aufgehende Sonne (➜ S. 41)
- Die hellen Sonnenstrahlen (➜ S. 41)
- Das hölzerne Boot 1 und/oder 2 (➜ S. 41/42)
- Der hohe Turm 1 und/oder 2 (➜ S. 42/43)
- Die bewegliche Schaukel (➜ S. 43)

Intensiveinführung mit Vorstellungsbild

- Der wehende Wind 1 (➜ S. 50)
- Der hilfsbereite Delfin 1 und/oder 2 (➜ S. 49)

Yoga-Spielgeschichte mit Klaus

Nach einer langen Wanderung durch die dunkle Nacht kommt Klaus ans Meer.

auf allen vieren laufen

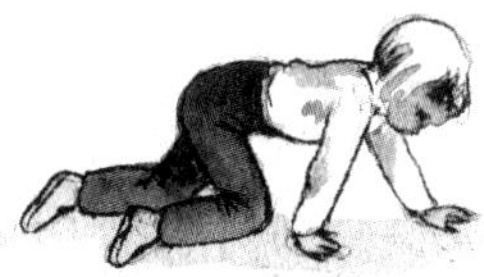

Als Klaus das Wasser sieht, rennt er schnell zum Ufer.

auf allen vieren schnell laufen

Die Sonne geht am Horizont auf und steigt am Himmel immer höher.

Die aufgehende Sonne

Die Sonnenstrahlen erhellen das ganze Land.

Die hellen Sonnenstrahlen

Da sieht Klaus viele bunte Fahnen im Wind.

Arme schwingen

Als er näher kommt, sieht er einen Hafen mit Bootsanlegeplätzen.
„Wunderbar“, denkt Klaus, „da kann ich nach Indien rudern!“
Aber alle Boote sind viel zu groß für ihn.
Da sieht er ein kleines hölzernes Spielzeugboot im Wasser.

Das hölzerne Boot 1

Schnell springt er hinein und rudert geschwind los.

Das hölzerne Boot 1 und / oder 2

Am Ufer sieht er einen hohen Leuchtturm

Der hohe Turm 1 und / oder 2

Klaus rudert geschwind um den Leuchtturm herum.

Das hölzerne Boot 1 und / oder 2

Nach einer Weile kommt Wind auf: „Puhhh... Schhh...“

Der wehende Wind 1

Klaus und sein Boot schaukeln ganz gefährlich hin und her.

Die bewegliche Schaukel

„Hoffentlich bin ich bald in Indien“, denkt Klaus. Da findet er im Boot ein Fernrohr und schaut durch.

im Langsitz durch Fingerkreise schauen

Er sieht seltsame Tiere, die auf sein Boot zuschwimmen.

Der hilfsbereite Delfin 1

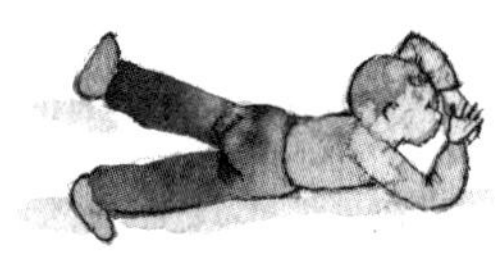

Als sie näher kommen, fragt Klaus: „Was seid ihr für komische Tiere?“
„Wir sind nicht komisch. Wir sind Delfine und helfen allen, die in Seenot sind!“
„Ich bin in Seenot!“, ruft Klaus erleichtert. „Ich möchte nach Indien und weiß nicht, wo Indien liegt.“

„Keine Angst, wir zeigen dir den Weg nach Osten. Indien ist da, wo die Sonne aufgeht“, rufen die Delfine und schon schieben einige von ihnen bereitwillig Klaus’ Boot.

Der hilfsbereite Delfin 1

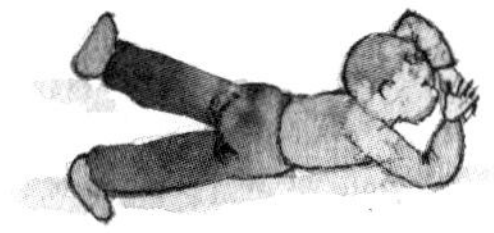

Die anderen Delfine sind neugierig und fragen: „Warum ruderst du nach Indien?“
„Ich will Yoga lernen“, antwortet Klaus.
„Yoga kennen wir auch von den Flussdelfinen aus dem großen indischen Fluss Ganges“, antworten die Delfine.

„Schau her, wir zeigen dir Delfin-Yoga!“

Der hilfsbereite Delfin 1 und/oder 2

Und schon gleiten die Delfine über die Wellen. Sie springen und biegen sich dabei.

Klaus staunt und versucht die Bewegungen im Boot nachzumachen.

Der hilfsbereite Delfin 1 und/oder 2

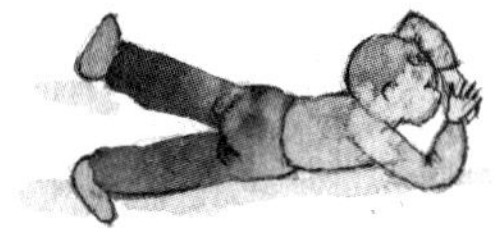

Er muss aber gut aufpassen, dass sein Boot dabei nicht umkippt. Davon wird er ganz müde. Er legt sich auf seinen Rücken und strampelt ganz wild mit allen vier Mäusebeinchen.

strampeln

Der Wind hat sich gelegt und das Boot schaukelt ganz sacht.

Die bewegliche Schaukel

Klaus legt sich jetzt auf den Bauch. Die Sonne scheint auf seinen Rücken. Davon wird ihm ganz warm.

auf den Bauch legen

Er gähnt noch einige Male genüsslich: „Haaa ...“ und spürt seinen ruhigen Atem.

gähnen.

Die Delfine unterhalten sich leise.

Der hilfsbereite Delfin 1

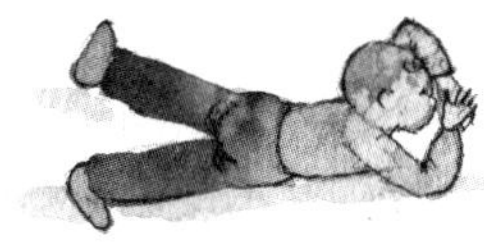

Das klingt wie leise Sirenen: „Eaaaiii...“.

tönen

Manchmal schnattern sie auch, als ob sie lachen würden: „Hihihi...“.

schnattern

Traumgeschichte

Klaus liegt im hölzernen Boot und hört die Delfine leise singen. Sie kennen den Weg und passen auf ihn und das Boot gut auf. Deshalb kann sich Klaus ausruhen. Er gähnt noch einmal genüsslich: „Haaa …" Das tut gut. ✧✧✧
Klaus spürt die Abendsonne ganz warm auf seinen Schultern, auf seinem Rücken und auf seinen vier Beinchen. ✧✧✧ Der Wind weht leicht durch seine Mäusehaare. Angenehm leise hört Klaus die Wellen rauschen: Schhh, schhhh, schhh … ✧✧✧ Und das Boot schaukelt sanft hin und her. Davon wird Klaus ganz müde. ✧✧✧

Er schaut in den Abendhimmel und träumt mit offenen Augen von seiner langen Reise. ✧✧✧ Zuerst sieht er im Traum sich selbst, wie er den Abschiedsbrief an seine Oma Elfriede schreibt und wie ihm dabei ein paar Tränchen laufen. „Nur gut, dass mich keiner gesehen hat", denkt er dabei. ✧✧✧ Dann sieht er sich im Traum durch die Nacht laufen und in der Morgendämmerung an den Strand kommen. ✧✧✧ Er sieht die große helle Sonne am Horizont aufgehen und den Bootssteg, an dem viele bunte Fahnen im Winde wehen. ✧✧✧

Er sieht sich selbst in das Spielzeugboot einsteigen und mit aller Kraft um den Leuchtturm herum rudern. ✧✧✧ „Gott sei Dank, dass ich den Delfinen begegnet bin", denkt Klaus „denn ich habe gar nicht gewusst, wo Indien liegt. Und bei dem Wind hätte ich mich sicherlich verirrt." ✧✧✧

Klaus sieht im Traum die Delfine, die hilfsbereit sein Boot ziehen und ihm die Yoga-Übungen vorführen. ✧✧✧ Er sieht, wie sie sich verbiegen und elegant über die Wellen springen. ✧✧✧ Jetzt sieht er sich selbst, wie er sie nachahmt. Dabei fühlt er sich kräftig und beweglich wie ein Delfin. ✧✧✧ Dann denkt er: „Wie gut, dass es so hilfsbereite Delfine gibt, die so kräftig und beweglich sind". ✧✧✧

Jetzt sieht Klaus die Sonne hinter dem Horizont verschwinden und es wird dunkel. Die ersten Sterne blinken am Himmel. ✧✧✧ Klaus liegt im Boot und fühlt sich beschützt und wohl. ✧✧✧ Müde schließt er seine Augen und schläft zufrieden und mit einem Lächeln im Gesicht tief und fest ein.

2. Spielgeschichte: Tine findet eine Insel

Bekannte Übungen

- Der hilfsbereite Delfin 1 (➜ S. 49)
- Das hölzerne Boot 1 (➜ S. 41)
- Der wehende Wind 1(➜ S. 50)
- Die bewegliche Schaukel (➜ S. 43)

Neue Übungen

- Die duftende Blume (➜ S. 43)
- Der stolze Pfau 1 (➜ S. 53)

Intensiveinführung mit Vorstellungsbild

- Der starke Büffel 1 (➜ S. 52)

Yoga-Spielgeschichte mit Tine

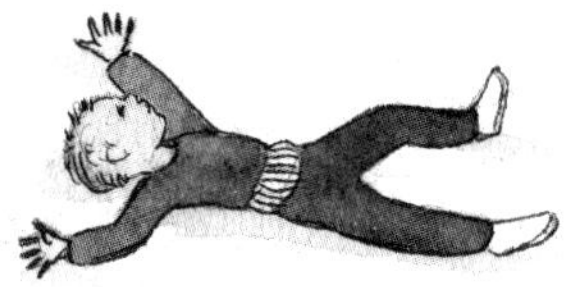

Eine Nacht lang ist Tine im Schiffsmast über das Meer gesegelt. Doch jetzt wacht sie auf. Sie reckt und streckt sich — **recken und strecken**

und strampelt mit allen ihren Beinchen. — **strampeln**

Sie setzt sich auf und schaut aufs Meer. — **Langsitz**

Es ist spiegelglatt und am Himmel ist keine Wolke zu sehen. Kein Windchen weht.

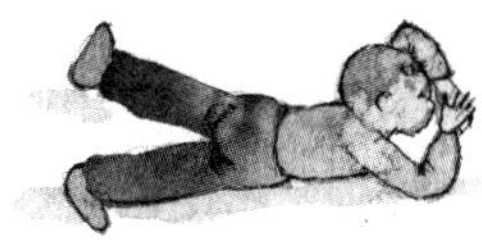

Da sieht sie am Horizont viele Delfine — **Der hilfsbereite Delfin 1**

und ein Ruderboot. — **Das hölzerne Boot 1**

„Ruder sind nicht schlecht", denkt sie. „Die könnte das Segelschiff auch gut gebrauchen."

Doch da sieht sie Land. — **Langsitz**

„Hurrah, das ist bestimmt Indien!", ruft Tine. — **im Fersensitz Flugbewegungen**

Als das Schiff anlegt, fliegt sie los

und landet auf einer Blume, die in einem großen Garten steht. — **Die duftende Blume**

Hmmm, wie die duftet. Tine bekommt Hunger und nascht von Blütenstaub und Nektar. — **schmatzen**

Dann schaut sie sich um — **im Fersensitz umschauen**

und sieht braun gebrannte und bunt gekleidete Menschen und einen blauen Pfau. — **Der stolze Pfau 1**

Er ruft: „Ao ... Minh-ao“ und frisst kleine Schlangen. — **Der stolze Pfau 1**

Tine fliegt weiter zur nächsten Blume. — **im Stand Flugbewegungen**

Von dort aus sieht sie seltsame Tiere. — **Vierfüßlerstand**

„Was seid ihr für seltsame Tiere?“, fragt Tine. „Wir sind nicht seltsam. Wir sind starke Sumpfbüffel und helfen den Bauern die Reisfelder umpflügen und schwere Säcke tragen.“ — **Der starke Büffel 1**

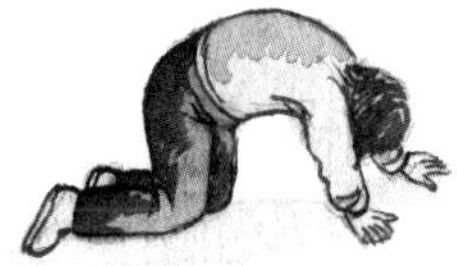

„Bin ich hier richtig in Indien?“, fragt Tine einen Büffel. — **Fersensitz**

„Nein, du bist in Sri Lanka, auf einer Insel, die vor Indien liegt. Indien ist aber nicht mehr weit. Was willst du denn in Indien?“
„Ich will Yoga lernen“, antwortet Tine.

„Yoga kennen wir auch! Schau her, wir zeigen dir Büffel-Yoga! Den haben wir von unserem Großvater, dem Flussbüffel aus dem Fluss Ganges, gelernt“, sagen die Büffel. — **Der starke Büffel 1**

Sie biegen ihren Rücken und machen einen Büffelbuckel. Dabei lächeln sie Tine freundlich an. — **Der starke Büffel 1**

Tine schaut ihnen gut zu und macht die Bewegungen nach. Doch sie muss aufpassen, dass sie nicht von der Blume fällt. — **Der starke Büffel 1**

Dabei fühlt sie sich stark wie ein Büffel. Jetzt kann Tine Büffel-Yoga. Sie bedankt sich bei den freundlichen Büffeln — **im Fersensitz verbeugen und bedanken**

und fliegt zurück zum Schiff, denn die Reise geht ja weiter nach Indien. — **im Fersensitz Flugbewegungen**

Als sie auf dem Schiffsmast ankommt, legt sie sich müde hin.	**auf den Rücken legen**
Sie hört den Seewind rauschen: „Puhhh ... Schhh ...“	**Der wehende Wind 1 auf dem Rücken liegend**
Und das Schiff schaukelt sanft auf den Wellen hin und her.	**Die bewegliche Schaukel**
Tine streckt sich einige Male aus und seufzt genüsslich.	**strecken und seufzen**

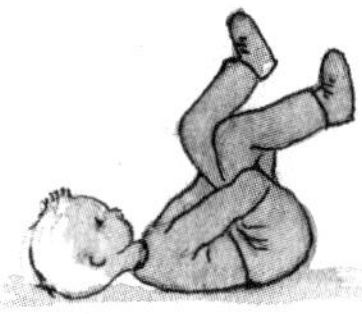

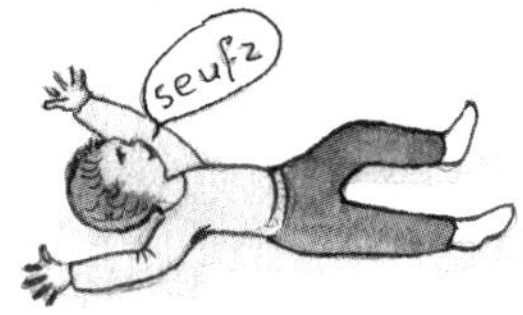

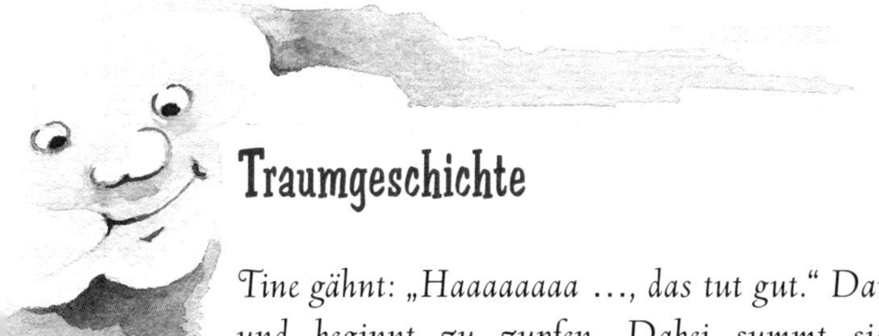

Traumgeschichte

Tine gähnt: „Haaaaaaaa ..., das tut gut.“ Dann zieht sie ihre Harfe unter dem Flügel hervor und beginnt zu zupfen. Dabei summt sie: „Mmmmmmmmm ... mmmmmmmm ... mmmmmmmmmmm.“ Und die Wellen rauschen: „Schhhhhh ... schhhhhh ...“ ✧✧✧ Die Sonne scheint auf Tines Bauch ganz warm. ✧✧✧ Sie spürt die Sonne auf ihren Flügeln und ihren Beinchen. ✧✧✧ Davon wird sie ganz müde. Sie schließt die Augen und träumt. ✧✧✧

Im Traum sieht sie wieder Wolken am Himmel. ✧✧✧ Die ziehen dahin und verändern ihre Farben und Formen. ✧✧✧ Auch die freundliche Wolke mit der Knollennase ist wieder da. ✧✧✧ Sie lächelt ihr zu und fragt leise: „Hallo Tine, wie war dein Tag?“ ✧✧✧ „Ich war in Sri Lanka und habe braune Menschen mit bunten Kleidern gesehen, die mit den Sumpfbüffeln die Reisfelder bestellen. ✧✧✧ Ich habe auch wunderschöne Blumen gesehen und einen blauen Pfau mit riesigen Schwanzfedern. ✧✧✧ Und dann habe ich noch Büffel-Yoga gelernt!“, murmelt Tine im Schlaf. „Dabei habe ich meinen Rücken rund gebogen. Das hat mir richtig gut getan. ✧✧✧ Und dann haben die Büffel mich angelächelt. Sie waren so freundlich und lieb.“ ✧✧✧ „Dann hattest du ja einen sehr schönen Tag“, antwortet die Wolke und pustet Wind in die Segel: „Puhhhh ...“ ✧✧✧

Das findet Tine toll, denn jetzt kommt sie mit Hilfe des Windes noch viel schneller nach Indien. ✧✧✧ Und sie pustet im Schlaf genauso wie der Wolkenwind: „Puhhhhhhhhh, puhhhhhhhhhhhh ...“ ✧✧✧ Und die Wellen rauschen dazu: „Schhh, schhh, schhh ... Puhhhhhhhhh ... schhhh ... puhhhhhhhhh ... schhhh ... puhhhhhhhhh ... schhhh ... ✧✧✧

Lange liegt Tine auf dem Mast und träumt von der Wolke, dem Meer, den Büffeln, den Blumen und dem Pfau und ihrer schönen langen Reise. ✧✧✧ Dabei wird der Himmel immer dunkler und nach und nach werden Sterne sichtbar, bis der ganze Himmel voller Sterne leuchtet. ✧✧✧

Und Tine? ✧✧✧ Tine schläft und träumt. Sie träumt von ihrer schönen langen Reise.

2. Parallel-Spielgeschichte: Klaus findet eine Insel

Bekannte Übungen

- Die aufgehende Sonne (➜ S. 41)
- Die hellen Sonnenstrahlen (➜ S. 41)
- Der hilfsbereite Delfin 1 und / oder 2 (➜ S. 49)
- Das hölzerne Boot 1 und / oder 2 (➜ S. 41/42)
- Der wehende Wind 1 (➜ S. 50)

Neue Übungen

- Der starke Büffel 1 und / oder 2 (➜ S. 52)
- Die duftende Blume (➜ S. 43)

Intensiveinführung mit Vorstellungsbild

- Der stolze Pfau 1 und / oder 2 (➜ S. 53/54)

Yoga-Spielgeschichte mit Klaus

Eine ganze lange Nacht ist Klaus in seinem hölzernen Boot über das große Meer getrieben.	
Am Morgen wird er wach. Er reckt und streckt sich, strampelt mit allen vier Beinchen und setzt sich auf.	**recken und strecken** **strampeln** **Fersensitz**
Am Horizont geht gerade die Sonne auf.	**Die aufgehende Sonne**
Das große blaue Meer schimmert in den schönsten Farben blau und grün.	**Die hellen Sonnenstrahlen**
Klaus schaut sich um.	**im Fersensitz schauen**
„Guten Morgen, Klaus“, rufen die Delfine.	**Der hilfsbereite Delfin 1**
„Wir müssen los, ein Schiff ist in Seenot!“	**Der hilfsbereite Delfin 1 und / oder 2**
Klaus verabschiedet sich freundlich und schaut durch sein Fernrohr.	**im Fersensitz winken** **im Fersensitz durch Fingerkreise schauen**

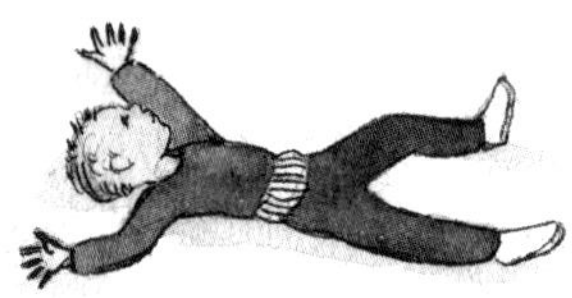

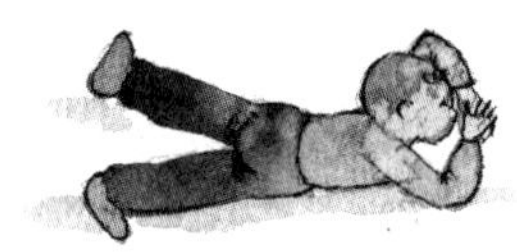
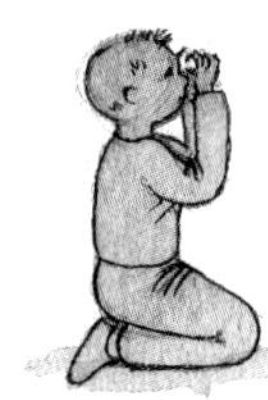

Am Horizont sieht er ein Segelschiff.
„Ein Segel hätte ich auch gern", denkt Klaus, „dann müsste ich nicht so rudern."

Das hölzerne Boot 1

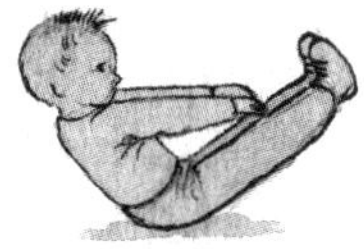

Nach einer Weile sieht Klaus Land. „Hurrah, ich bin in Indien!", ruft er und rudert noch schneller.

Das hölzerne Boot 1 und / oder 2

Als er am Ufer anlegt, sieht er viele Menschen. Aus einem sicheren Versteck beobachtet er sie.

Fersensitz

Die Menschen haben braune Hautfarbe und schwarze Haare. Die Frauen tragen bunte lange Kleider und Silberschmuck. Sie arbeiten auf dem Feld.

Dann sieht Klaus Büffel.

Der starke Büffel 1

Einige von ihnen tragen schwere Säcke und werfen sie vor einer Hütte ab.

Andere ziehen einen Pflug. Männer leiten die Büffel übers Feld.

Der starke Büffel 1 und / oder 2

Klaus läuft weiter ...

auf allen vieren laufen

und kommt in einen wunderschönen Garten mit bunten duftenden Blumen.

Die duftende Blume

Dort sieht er einen schönen blauen Vogel mit einer Schleppe aus riesigen Schwanzfedern.

Der stolze Pfau 1

Weil manche Vögel Mäuse fressen, hat Klaus eine Idee. Er findet ein buntes Tuch und hüllt sich damit ein.

im Stand einhüllen

Gut getarnt nähert er sich dem unbekannten schönen Vogel.
„Was bist du für ein komisches Tier?", fragt Klaus.
„Ich bin nicht komisch. Ich bin ein stolzer Pfau und fresse kleine Giftschlangen!"

Der stolze Pfau 1 und / oder 2

„Wenn ein Unwetter aufzieht, schreie ich ‚Minh-ao' und warne so die Menschen auf dem Feld." — tönen

„Bin ich hier richtig in Indien?", fragt Klaus den blauen Pfau. — Fersensitz

„Nein, du bist in Sri Lanka, auf einer Insel, die vor Indien liegt. Indien ist nicht mehr weit. Was willst du denn in Indien?"
„Ich will Yoga lernen."
„Yoga kenne ich auch von meinem Neffen, dem weißen Pfauenhahn aus Indien. Schau her, ich zeige dir Pfauen-Yoga!" Dazu stellt der Pfau seine Schwanzfedern wie einen Fächer auf und stolziert im Kreis herum. — Der stolze Pfau 1 und / oder 2

Klaus staunt und beginnt die Bewegungen nachzumachen. Doch er muss aufpassen, dass er seine Tarnung nicht verliert. — Der stolze Pfau 1 und / oder 2

Dabei fühlt er sich stolz wie ein Pfau. Nun kann Klaus Pfauen-Yoga.

Klaus bedankt sich bei dem freundlichen Pfau — im Fersensitz verbeugen und bedanken

und rennt dann schnell zurück zum Boot, denn er will ja weiter nach Indien. — auf allen vieren schnell laufen

Am Wasser angekommen, findet Klaus einen langen Stock und baut mit dem bunten Tuch ein Segel für sein Holzboot. — im Fersensitz knüpfen

Und tatsächlich, der Wind bläst in das Segel: „Puhhh ... Schhh ..." — Der wehende Wind 1

und das Boot treibt von allein über die Wellen. — Das hölzerne Boot 1

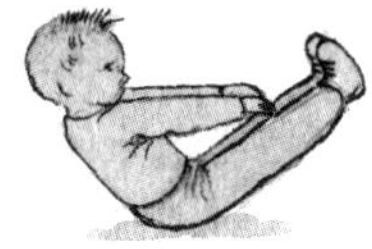

Nach einer Weile wird Klaus sehr müde. Er streckt sich lang aus und seufzt dabei. — strecken und seufzen

Dann gähnt er genüsslich: „Haaaaaaaa ..., das tut gut." — gähnen

Traumgeschichte

Klaus rollt sich im hölzernen Boot zusammen und spürt die Abendsonne ganz warm auf seinen Schultern, auf seinem Rücken und auf seinen vier Beinchen. ✧✧✧ Der Wind weht sanft durch seine Mäusehaare und Klaus hört die Wellen rauschen: Schhh, schhh, schhh … ✧✧✧
Er spürt, wie das Boot sanft hin und her schaukelt. Davon wird er ganz müde. ✧✧✧

Klaus träumt mit offenen Augen von seiner langen Reise. ✧✧✧ Dabei sieht er sich selbst, wie er am Morgen im Boot erwacht. ✧✧✧ Er träumt von der Sonne, die aufgeht, und von den lieben Delfinen. ✧✧✧ Er sieht, wie er sich von ihnen verabschiedet. „Wo mögen sie jetzt sein?“, denkt er. ✧✧✧

Er sieht sich selbst, wie er kräftig losrudert und an Land geht. ✧✧✧ Dann träumt er von den Menschen und den Sumpfbüffeln auf den Feldern. ✧✧✧ Er sieht die Blumen im Garten und den schönen blauen Pfau, der ihm die Yoga-Übungen vorführt. Er stellt gerade seine riesigen Schwanzfedern auf und fängt kleine Schlangen. ✧✧✧ Und er sieht sich selbst, wie er den Pfau nachmacht. ✧✧✧
Dabei hört er den stolzen Pfau rufen: „Ao … Minh-ao.“ ✧✧✧ „Wie schön, dass es so liebe Pfauen gibt, die gut auf den Garten, die Tiere und Menschen aufpassen“, denkt er. „Der Pfau kann richtig stolz auf sich sein.“ ✧✧✧ Dann sieht er, wie er aus einem Stock und dem Tuch ein Segel für sein Boot bastelt, damit sein Boot vom Wind getragen nach Indien segeln kann. ✧✧✧

Jetzt sieht Klaus die Sonne hinter dem Horizont verschwinden und es wird dunkel. ✧✧✧ Die ersten Sterne blinken am Himmel. ✧✧✧ Klaus spürt den Wind, der das Boot langsam vorwärts treibt, und fühlt sich wohl. ✧✧✧ Müde schließt er seine Augen und schläft zufrieden und mit einem Lächeln im Gesicht tief und fest ein.

3. Spielgeschichte: Tine kommt in Indien an

Bekannte Übungen
- Das hölzerne Boot 1 (➜ S. 41)
- Die hellen Sonnenstrahlen (➜ S. 41)
- Der hohe Turm 1 (➜ S. 42)
- Der starke Büffel 1 (➜ S. 52)
- Die summende Biene (➜ S. 43)
- Der stolze Pfau 1 (➜ S. 53)

Neue Übungen
- Die biegsame Palme 1 (➜ S. 56)

Intensiveinführung mit Vorstellungsbild
- Die schleichende Schlange 1 (➜ S. 55)

Yoga-Spielgeschichte mit Tine

Geschichte	Übung
Als Tine aufwacht, reckt und streckt sie sich.	**recken und strecken** 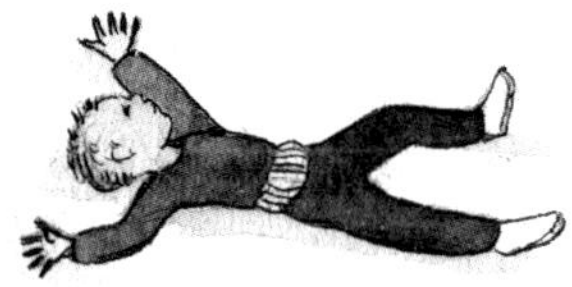
Sie strampelt mit ihren Beinchen	**strampeln**
und setzt sich auf.	**Langsitz**
„Nanu“, denkt sie, „ich bin ja immer noch auf dem hölzernen Segelschiff.“	**Das hölzerne Boot 1** 
Die Sonne scheint und hellt das ganze Meer auf.	 **Die hellen Sonnenstrahlen**
Tine reibt sich den Traum aus den Augen	**im Stand Augen reiben**
und sieht am Horizont Festland. „Ist das jetzt Indien?“, fragt sie sich.	**im Fersensitz schauen** 
Sie schaut genauer hin und sieht einen Urwald, aus dem ein hoher Turm mit einem goldenen Dach herausragt.	**Der hohe Turm 1** 
Jetzt legt das Schiff am Ufer an und Tine fliegt an Land.	**im Langsitz Flugbewegungen** 

Zuerst sieht Tine einen Büffel, der einen schweren Sack trägt.

Der starke Büffel 1

Dann sieht sie einen weißen Pfau, der Schlangen fängt.

Der stolze Pfau 1

Sie fliegt auf eine Palme.

Die biegsame Palme 1

Am Boden sieht sie eine winzige Schlange, die sich versteckt.
Tine fragt die Schlange: „Was bist du für ein seltsames Tier?“

Fersensitz

„Psst!“, zischt die Schlange. „Ich bin nicht seltsam. Ich bin eine Kobra und verstecke mich vor dem Pfau.“

zusammenrollen

„Bin ich hier richtig in Indien?“, fragt Tine die Kobra.

Fersensitz

„Ja, du bist in Indien.“
„Hurrah“, ruft Tine, „jetzt kann ich ganz viel Yoga lernen!“

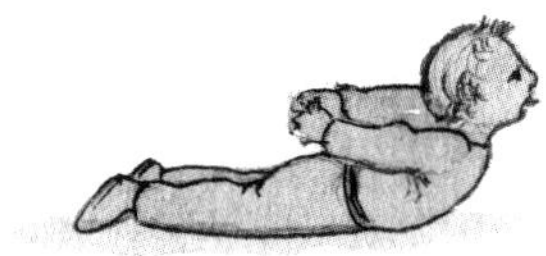

„Yoga kenne ich auch“, sagt die kleine Kobra. „Komm her, ich zeige dir Schlangen-Yoga.“
Dabei schleicht sie über den Boden und zischt.

Die schleichende Schlange 1

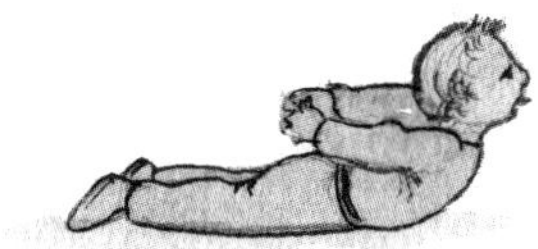

Tine staunt und denkt: „Die Kobra hat keine Beine und kann sich trotzdem bewegen.“ Sie macht die Schlange nach.

Die schleichende Schlange 1

Dabei fühlt sie sich wendig, wie eine Kobra. Nun kann Tine auch Schlangen-Yoga.
„Das habe ich von meiner Mutter, der Königskobra, gelernt“, sagt die kleine Schlange. „Sie tanzt gerade da drüben mit einem Flötenspieler. Er hat ihr eine Maus dafür versprochen.“

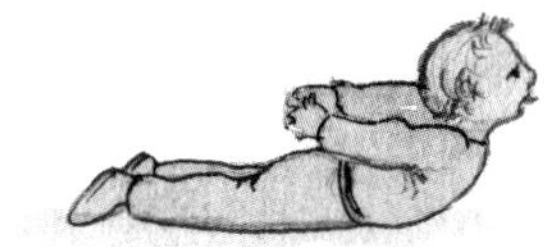

Die schleichende Schlange 1

Tine schaut neugierig zum Flötenspieler hinüber.

im Fersensitz schauen

Doch was ist da?! Sie sieht eine Maus, eingehüllt in ein buntes Tuch, und eine Schlange, die auf sie zu kriecht!

Die schleichende Schlange 1

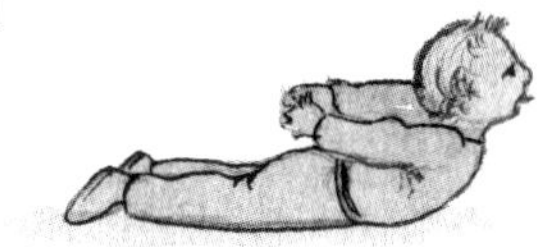

Da muss Tine an Klaus denken und daran, dass Schlangen Mäuse fressen. Sie springt auf und fliegt der Schlange ganz wild vor der Nase herum.

im Fersensitz wilde Flugbewegungen und Summen

Davon wird der Schlange ganz schwindelig.

im Fersensitz hin und her wiegen

Und die bunte Tuchmaus kann schnell wegrennen.

auf allen vieren schnell laufen

Nun fliegt Tine auf eine hohe Palme.

im Stand Flugbewegungen

Die Palme bewegt sich im Wind hin und her.

Die biegsame Palme 1

Tine hat viel erlebt und ist nun ganz müde geworden. Sie setzt sich auf eine Orchideenblüte und nascht vom Nektar.

im Fersensitz schmatzen

In der duftenden Blüte findet sie einen guten Platz zum Schlafen.

zusammenrollen

Sie deckt sich mit den Blütenblättern zu, holt ihre Harfe hervor und summt sich leise in den Schlaf: „Mmmmmm ... mmmmm ...“

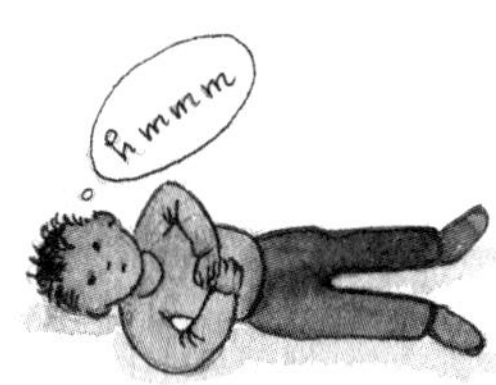

Die summende Biene

Traumgeschichte

Die Sonne scheint ganz warm auf Tines Bauch. ✧✧✧ Und sie spürt die Wärme der Sonne auch auf ihren Flügeln und Beinchen. ✧✧✧ Der Wind wiegt die Orchidee ganz sanft hin und her, hin und her. ✧✧✧ Davon wird Tine ganz müde. Sie schließt ihre Augen und beginnt zu träumen. ✧✧✧ Im Traum schaut Tine in den Himmel. Doch wo sind die Wolken geblieben? Keine einzige Wolke ist zu sehen. Auch nicht die freundliche Wolke mit der Knollennase. ✧✧✧ Der ganze Himmel ist azurblau und die Sonne scheint warm und hell. ✧✧✧

Im Traum hört Tine den Wind ganz leise blasen. Puhhhhh … puhhhh … ✧✧✧ Und dann ist ihr, als ob der Wind ihr zusäuselt: „Hallo Tine, wie war dein Tag?" ✧✧✧ „Ich bin in Indien angekommen und habe einen Büffel gesehen und einen weißen Pfau. Und ich habe Schlangen-Yoga gelernt!", murmelt Tine stolz im Schlaf. ✧✧✧ „Die Schlangen haben keine Beine und sind trotzdem beweglich. Sie können sich gut verstecken und schlängeln sich wendig über den Boden. ✧✧✧ Ich habe auch Palmen gesehen und einen Schlangenbeschwörer. ✧✧✧ Eine Schlange wollte sogar eine bunte Tuchmaus fressen, da habe ich sie mit meinem Summen abgelenkt, und die Maus konnte rechtzeitig wegrennen. ✧✧✧ Die bunte Tuchmaus sah aus wie Klaus, aber der ist ja nicht in Indien, sondern zu Hause bei seiner Oma", murmelt Tine. ✧✧✧
„Da hattest du ja einen aufregenden Tag", antwortet der Wind und pustet die Orchideenblüte, auf der Tine schläft, leicht hin und her. Puh … Puh … Das findet Tine toll. Sie fühlt sich mit Hilfe des Windes angenehm in den Schlaf gewiegt. ✧✧✧

Lange liegt Tine in der Blume und träumt von der Schlange, dem Schlangenbeschwörer, den Palmen und wie sie die Maus gerettet hat. ✧✧✧ Dabei wird es immer dunkler. ✧✧✧ Nach und nach werden Sterne sichtbar, bis der ganze Himmel voller Sterne leuchtet. ✧✧✧

Und Tine? ✧✧✧ Tine schläft und träumt. Sie träumt von ihrer schönen langen Reise.

3. Parallel-Spielgeschichte: Klaus kommt in Indien an

Bekannte Übungen

- Die bewegliche Schaukel (➜ S. 43)
- Der hohe Turm 1 und / oder 2 (➜ S. 42/43)
- Das hölzerne Boot 1 und / oder 2 (➜ S. 41/42)
- Der stolze Pfau 1 und / oder 2 (➜ S. 53/54)
- Der starke Büffel 1 und / oder 2 (➜ S. 52/53)

Neue Übungen

- Die schleichende Schlange 1 und / oder 2 (➜ S. 55/56)
- Die summende Biene (➜ S. 43)

Intensiveinführung mit Vorstellungsbild

- Die biegsame Palme 1 und / oder 2 (➜ S. 56/57)

Yoga-Spielgeschichte mit Klaus

Als Klaus aufwacht, macht er sich ganz lang.	**auf dem Rücken liegend lang machen**
Er reckt und streckt sich genüsslich …	**recken und strecken**
und strampelt mit den Beinen.	**strampeln**
Dabei schaukelt das hölzernen Boot leicht hin und her.	**Die bewegliche Schaukel**
Klaus reibt seine Augen. Dann setzt er sich auf und schaut durchs Fernrohr nach Osten.	**im Langsitz durch Fingerkreise schauen**
Und tatsächlich! Er sieht Festland. Er sieht einen Urwald, aus dem ein hoher Turm ragt mit einem goldenen Dach.	**Der hohe Turm 1**
„Das ist jetzt bestimmt Indien“, denkt Klaus und rudert das letzte Stück mit aller Kraft.	**Das hölzerne Boot 1 und / oder 2**
Am Ufer angekommen, bindet Klaus das Boot an einem Bootssteg fest. Er hüllt sich in das bunte Tuch und läuft los.	**auf allen vieren laufen**

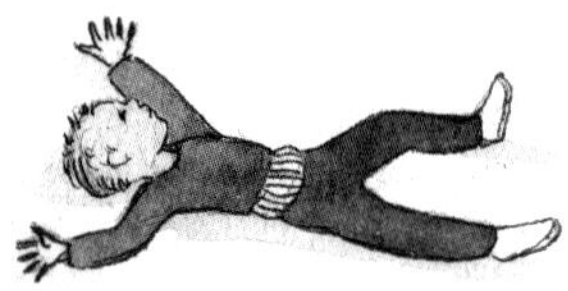

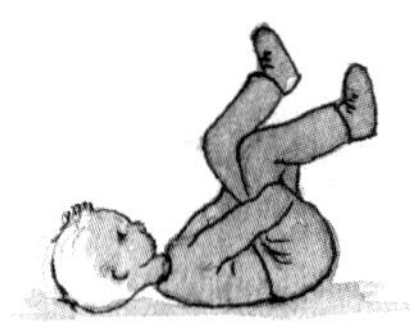

Zuerst sieht er einen weißen Pfau, der Schlangen fängt.

Der stolze Pfau 1 und / oder 2

Dann sieht er einen kräftigen Büffel, der einen Wagen zieht.

Der starke Büffel 1 und / oder 2

Nun sieht er den hohen Turm mit dem goldenen Dach.

Der hohe Turm 1 und / oder 2

Vor dem Turm stehen zwei Körbe. Ein Mann spielt auf einer Flöte ...

im Fersensitz Flöte spielen

und wiegt sich hin und her.

im Fersensitz hin und her wiegen

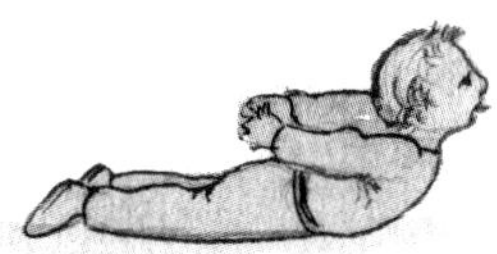

Da schaut eine Schlange aus einem der Körbe.

Die schleichende Schlange 1

Auch sie wiegt sich hin und her.

im Fersensitz hin und her wiegen

Die Flöte klingt sehr fein und die Schlange tanzt so schön dazu. Dabei wird es Klaus ganz neblig vor den Augen.

im Fersensitz Augen verdrehen

Er merkt gar nicht, dass eine Brillenschlange aus dem anderen Korb entwischt. Sie kriecht direkt auf ihn zu.

Die schleichende Schlange 1 und / oder 2

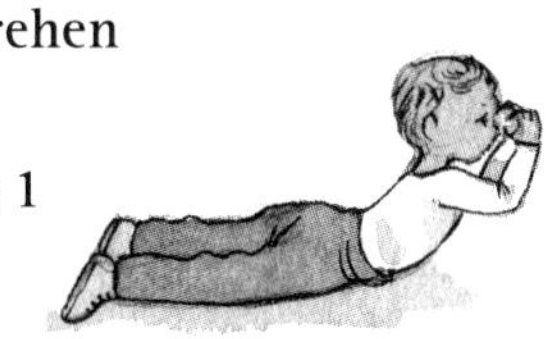

Doch da kommt eine Biene angeflogen und summt der Brillenschlange ganz wild vor den Augen herum: „Hmmmm“.

Die summende Biene

Als Klaus das Summen hört, muss er an Tine denken. Er sieht die Schlange gefährlich nah und läuft ganz schnell weg.
Puh, das war knapp!

auf allen vieren laufen

Klaus läuft weiter und sieht Bäume, die sich im Wind hin und her bewegen.

Die biegsame Palme 1

„Was seid ihr für komische Bäume?", fragt Klaus. „Wir sind nicht komisch. Wir sind biegsame Kokospalmen. Unsere Früchte sind die Kokosnüsse." „Bin ich hier richtig in Indien?", fragt Klaus staunend.

Fersensitz

„Ja, du bist in Indien."
„Hurrah", ruft Klaus „ich hatte Recht, jetzt lerne ich ganz viel Yoga!"
„Yoga kennen wir auch", rufen die Palmen. „Schau her, wir zeigen dir Palmen-Yoga."

Die biegsame Palme 1 und / oder 2

Dabei biegen sich die Palmen hin und her. Einige Kokosnüsse fallen herab. Klaus sieht aufmerksam zu und macht die Bewegungen nach. Dabei fühlt er sich biegsam, wie eine Palme.

Die biegsame Palme 1 und / oder 2

Nun kann Klaus Palmen-Yoga. Er bedankt sich und läuft weiter.

Im Stand verbeugen und „Danke" sagen

Jetzt bekommt Klaus großen Hunger und findet in seiner Hosentasche ein paar Körner.
„Hmmm ..., die schmecken lecker!"

schmatzen

Der volle Bauch macht ihn müde. Aber wo kann er sicher schlafen?
Da hat er eine Idee. Er klettert auf eine hohe Palme,

Kletterbewegungen

knüpft das bunte Tuch an die Palmblätter wie eine Hängematte,

im Fersensitz knüpfen

und legt sich hinein.

auf den Rücken legen

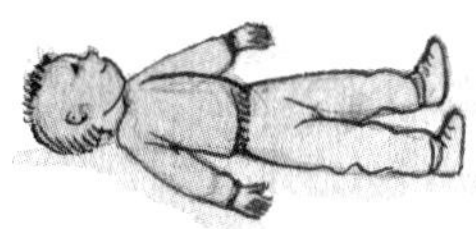

Weil der Tag aber so aufregend war, kann Klaus nicht gut einschlafen. Er hebt seine vier Beine und strampelt ganz wild.

strampeln

Dann holt er tief Luft und streckt sich seufzend aus.

strecken und seufzen

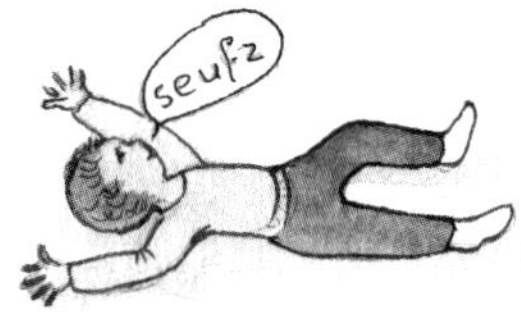

Traumgeschichte

Die Sonne geht langsam unter und der Wind bewegt die Palme hin und her. ✧✧✧ Jetzt ist Klaus doch noch ruhig geworden. ✧✧✧ Der Wind streicht durch seine Mäusehaare und Klaus träumt mit offenen Augen von seiner langen Reise. ✧✧✧

Dabei sieht er sich selbst, wie er endlich in Indien ankommt. ✧✧✧ Er sieht den weißen Pfau und den Büffel. ✧✧✧ Er träumt vom hohen Turm mit dem goldenen Dach und hört den Schlangenbeschwörer, wie er so wunderschön auf seiner Flöte spielt. ✧✧✧

Er träumt von der tanzenden Schlange, die sich langsam aus dem Korb heraus aufrichtet und sich wie der Schlangenbeschwörer hin und her wiegt. ✧✧✧ Dann sieht er die Brillenschlange und denkt: „Nur gut, dass die Biene rechtzeitig gekommen ist und die Brillenschlange abgelenkt hat. So konnte ich noch entwischen. ✧✧✧ Die gute Biene hat mir das Leben gerettet. Sie sah aus wie Tine. ✧✧✧ Aber Tine ist ja nicht in Indien, sondern zu Hause im Nussbaum.“ ✧✧✧

Jetzt sieht Klaus die biegsamen Palmen, die sich im Wind hin und her bewegen und ihm Palmen-Yoga zeigen. Dabei fallen Kokosnüsse zu Boden. ✧✧✧ Menschen kommen und tragen sie weg. ✧✧✧ Er sieht sich selbst, wie er die Palmen-Yoga-Übung nachmacht. „Richtig biegen musste ich mich dabei und aufpassen, dass ich fest stehen bleibe“, denkt Klaus. ✧✧✧

Dann sieht er sich selbst, wie er auf die Palme klettert und an den Blättern mit seinem Tuch eine Schlafstelle baut. „Hier auf der Palme bin ich ganz sicher beschützt“, denkt Klaus. ✧✧✧

Jetzt sieht Klaus die Sonne hinter dem Horizont verschwinden und es wird dunkel. ✧✧✧ Die ersten Sterne leuchten und die Palme wiegt Klaus ganz sacht hin und her, hin und her. ✧✧✧

Und Klaus? ✧✧✧ Klaus schließt seine Augen und schläft mit einem zufriedenen Lächeln ganz fest ein.

4. Spielgeschichte: Tine im Dschungel

Bekannte Übungen
- Die bewegliche Schaukel (→ S. 43)
- Die hellen Sonnenstrahlen (→ S. 41)
- Die duftende Blume (→ S. 43)
- Die schleichende Schlange 1 (→ S. 55)
- Die biegsame Palme 1 (→ S. 56)

Neue Übungen
- Der geschickte Affe 1 (→ S. 58)
- Die schimmernde Muschel (→ S. 44)

Intensiveinführung mit Vorstellungsbild
- Der balancierende Flamingo 1 (→ S. 60)

Yoga-Spielgeschichte mit Tine

Tine erwacht in der Orchideenblüte. Sie reckt und streckt sich	recken und strecken
und strampelt mit ihren Beinchen.	strampeln
Dabei schaukelt die Orchidee hin und her.	Die bewegliche Schaukel
Tine setzt sich auf …	Fersensitz
und sieht die Sonne, die das ganze Land erhellt.	Die hellen Sonnenstrahlen
Um Tine herum wachsen viele wunderschöne Blumen.	Die duftende Blume
„Hmmm …, wie die duften“, denkt sie.	schnuppern
Tine hat jetzt großen Hunger und nascht vom Blütennektar.	schmatzen
Dann fliegt sie los. Sie fliegt über einen Marktstand	im Fersensitz Flugbewegungen
und riecht verschiedene Gewürze: Ingwer, Zimt, Pfeffer und Kardamom.	schnuppern

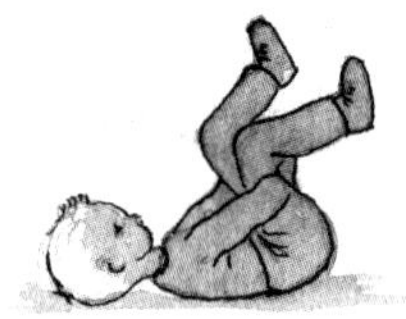

Doch dann sieht sie eine Schlange.

Die schleichende Schlange 1

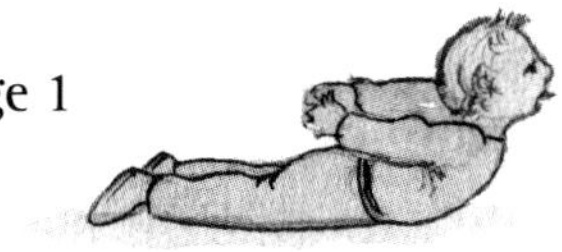

Zur Sicherheit fliegt Tine hoch auf eine Palme.

im Fersensitz Flugbewegungen

Die Palme wiegt sich im Wind hin und her.

Die biegsame Palme 1

Unter der Palme sieht Tine eine Horde Affen, die aufgeregt hin und her hüpfen.

auf allen vieren springen

Einige von ihnen klettern flink auf die anderen Palmen …

Kletterbewegungen

und ernten Kokosnüsse für die Menschen.

Der geschickte Affe 1

Nun fliegt Tine zum See hinüber …

im Fersensitz Flugbewegungen

und sieht große Vögel. Sie stehen auf einem Bein.

Der balancierende Flamingo 1

„Was seid ihr für seltsame Tiere?", fragt Tine die Vögel.
„Wir sind nicht seltsam. Wir sind Flamingos. Aber wer bist du und was willst du hier?", fragen die Flamingos neugierig.
„Ich bin Tine die Honigbiene. Ich möchte Yoga lernen."

Fersensitz

„Yoga kennen wir auch", sagen die Flamingos. „Komm her, wir zeigen dir Flamingo-Yoga."
Dabei stehen sie ruhig auf einem Bein.

Der balancierende Flamingo 1

Tine schaut genau zu und macht die Haltung nach. Aber sie merkt, dass das gar nicht so einfach ist.

Der balancierende Flamingo 1

„Du musst zum Horizont schauen, dabei ganz ruhig atmen und lange üben“, sagen die Flamingos, „dann schaffst du es!“

Der balancierende Flamingo 1

Tine übt und hält sich mit dem Flügel an einem Bambus fest. Dabei fühlt sie sich ganz ruhig und im Gleichgewicht, wie ein Flamingo. Nun kann sie auch Flamingo-Yoga.

Der balancierende Flamingo 1

Tine bedankt sich bei den Flamingos und verabschiedet sich.
Auch die Flamingos verabschieden sich.

im Stand verbeugen
und „Danke“ sagen

Tine fliegt weiter.

im Stand Flugbewegungen

Und auf einmal geht es nicht mehr weiter. Tine hat sich in einem Spinnennetz verfangen und versucht sich zu befreien,

zappeln

denn eine schwarze Riesenspinne krabbelt auf sie zu.

Spinnenbewegungen

Plötzlich springt eine bunte Tuchmaus aus dem Gebüsch und zerreißt das Spinnennetz. Da ist Tine frei.

auf allen vieren springen

Schnell fliegt sie davon
und landet auf einem Bootssteg.

im Fersensitz Flugbewegungen

Dort muss sie erst einmal in einer Holzspalte verschnaufen.

Langsitz und pusten: „Pffff ...“

Schon etwas ruhiger schaut Tine ins Wasser. Sie sieht Muscheln. Sie öffnen und schließen sich ganz langsam, so wie die Wellen kommen und gehen.

Die schimmernde Muschel

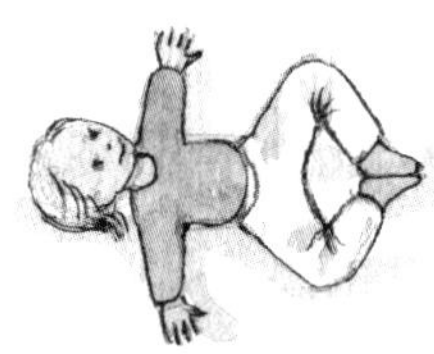

Lange schaut Tine den Muscheln zu und hört auf ihren eigenen Atem. Davon wird Tine ganz ruhig. Müde legt sie sich in die warme Holzspalte und schaut zum Horizont. Dort geht langsam die goldene Sonne unter und taucht den Himmel in ein strahlendes Rot.

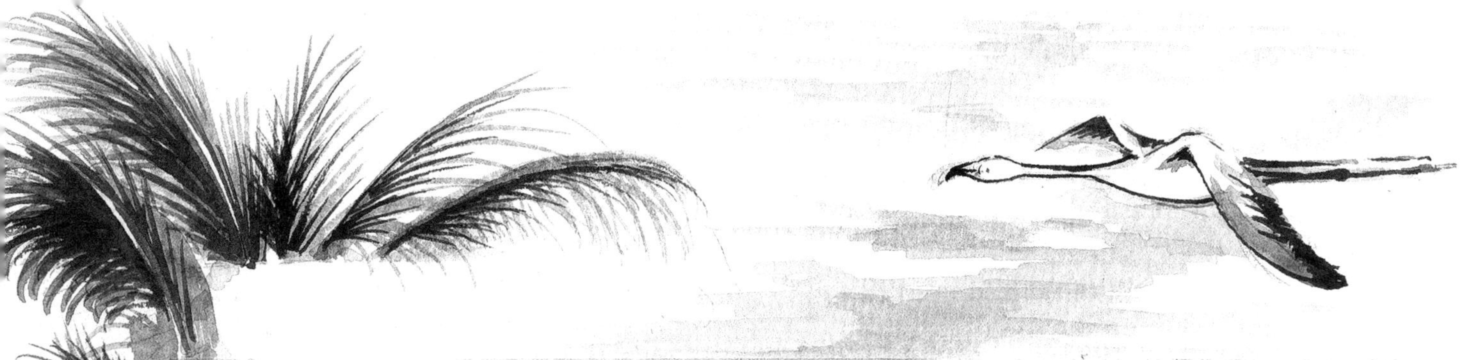

Traumgeschichte

Tine schließt ihre Augen und träumt. ✧✧✧ Im Traum hört sie den Seewind ganz leise. Schhh … Schhh … Und dann ist ihr, als ob der Seewind ihr zusäuselte: „Hallo, Tine, wie war dein Tag?“ ✧✧✧

„Heute war es wieder aufregend“, murmelt Tine im Traum. ✧✧✧ „Zuerst habe ich Blumen gesehen und einen Marktstand mit wunderbar riechenden Gewürzen. Dann war da eine kleine Schlange unter der Palme und eine Horde Affen, die geschickt auf Palmen geklettert sind, um Kokosnüsse zu ernten. Ich habe Flamingos in einem See gesehen. ✧✧✧ Von den Flamingos habe ich Flamingo-Yoga gelernt! Sie können ganz lange auf einem Bein balancieren und haben mir gesagt, dass ich dabei ruhig atmen soll. ✧✧✧ Da bin ich ganz still geworden. ✧✧✧

Dann bin ich weitergeflogen und habe mich in einem Spinnennetz verfangen. Nur gut, dass ich gelernt habe, mich zu beruhigen. So hatte ich gar nicht so viel Angst. Und dann kam auch eine bunte Tuchmaus aus dem Gebüsch gesprungen und hat mich gerettet. ✧✧✧ Die bunte Tuchmaus sah aus wie Klaus, aber der ist ja nicht in Indien, sondern zu Hause bei seiner Oma.“ ✧✧✧
„Dann hattest du ja einen aufregenden Tag“, antwortet der Wind. ✧✧✧ „Ja“, antwortet Tine, „aber dann bin ich zum Strand geflogen und habe mich wieder erholt. Ich habe Muscheln im Wasser beobachtet. Die Muscheln öffneten und schlossen sich so, wie die Wellen kamen und gingen. ✧✧✧ Dabei ist mein Atem ganz ruhig geworden und ich konnte mich wieder vom großen Schreck erholen.“ ✧✧✧ „Das ist gut“, antwortet der Seewind und singt Tine ein Schlaflied: „Schhhhh … schhhh … schhhhh …“ ✧✧✧

Lange liegt Tine in der Holzspalte am Bootssteg und träumt von den Blumen, den wohlriechenden Gewürzen, den Affen und den Palmen, den Flamingos und der Rettung aus dem Spinnennetz. ✧✧✧ Dabei wird es immer dunkler und nach und nach werden Sterne sichtbar, bis der ganze Himmel voller Sterne leuchtet. ✧✧✧

Und Tine? ✧✧✧ Tine schläft und träumt. Sie träumt von ihrer schönen langen Reise.

4. Parallel-Spielgeschichte: Klaus im Dschungel

Bekannte Übungen

- Die bewegliche Schaukel (➔ S. 43)
- Die schleichende Schlange 1 und/oder 2 (➔ S. 55/56)
- Die aufgehende Sonne (➔ S. 41)
- Die hellen Sonnenstrahlen (➔ S. 41)
- Die biegsame Palme 1 und/oder 2 (➔ S. 56/57)

Neue Übungen

- Der balancierende Flamingo 1 und/oder 2 (➔ S. 60/61)
- Die schimmernde Muschel (➔ S. 44)

Intensiveinführung mit Vorstellungsbild

- Der geschickte Affe 1 und/oder 2 (➔ S. 58/59)

Yoga-Spielgeschichte mit Klaus

Als Klaus in der Palme aufwacht, reckt und streckt er sich.

recken und strecken

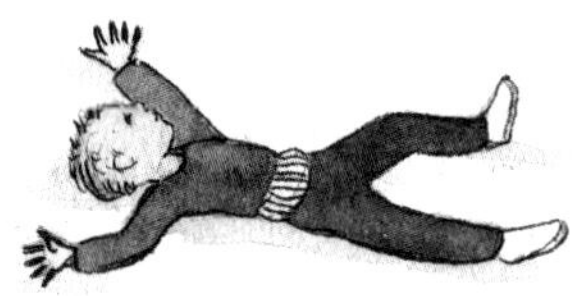

Er strampelt mit den Beinchen.

strampeln

Dabei schaukelt das Tuch, in dem er liegt, hin und her.

Die bewegliche Schaukel

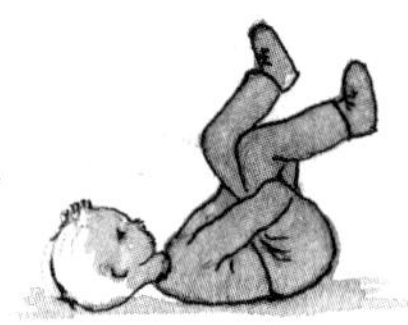

Klaus schaut nach unten auf den Boden und sieht eine Schlange vorbeischleichen.

Die schleichende Schlange 1 und/oder 2

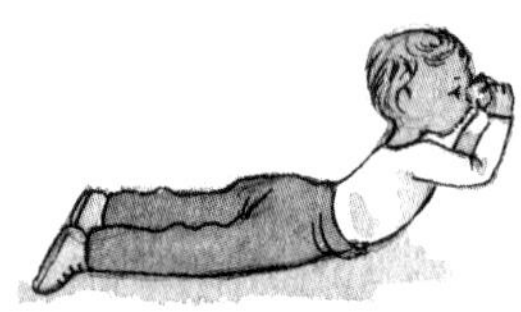

„Nur gut, dass ich hier oben geschlafen habe", denkt er.

Da sieht Klaus die Sonne aufgehen

Die aufgehende Sonne

und der ganze Dschungel erstrahlt in den schönsten Farben.

Die hellen Sonnenstrahlen

Klaus knüpft das Tuch von den Zweigen, steckt es in die Hosentasche und klettert an der Palme herunter. Doch das ist nicht einfach, da sich die Palme hin und her bewegt.

Die biegsame Palme 1

Unten angekommen, läuft Klaus los. Er kommt an einen See und sieht Flamingos. Die stehen ganz ruhig auf einem Bein.	Der balancierende Flamingo 1
Einige von ihnen breiten die Flügel aus und fliegen in die Lüfte.	Der balancierende Flamingo 1 und/oder 2
Klaus läuft weiter und kommt in einen schönen Garten.	auf allen vieren laufen
Dort stehen viele Kokospalmen	Die biegsame Palme 1 und/oder 2
und Menschen mit kleinen Tieren, die Kokosnüsse ernten.	Der geschickte Affe 1
„Was seid ihr für komische Tiere?“, fragt Klaus die Vierbeiner.	Fersensitz
„Wir sind nicht komisch. Wir sind Makak-Affen und klettern auf hohe Palmen. Dort ernten wir für die Menschen die Kokosnüsse.“	Kletterbewegungen
„Aber wer bist du und was machst du hier?“, fragen einige Affen neugierig. „Ich bin Klaus die Maus und möchte Yoga lernen.“	Stand
„Yoga kennen wir auch“, sagen die Makaken. „Komm her, wir zeigen dir Affen-Yoga.“	Der geschickte Affe 1 und/oder 2
Die Affen stehen auf der Palme, halten sich mit den Beinen fest, bücken sich und drehen mit einer Hand die Kokosnüsse ab. Klaus staunt und macht die Bewegungen nach.	Der geschickte Affe 1 und/oder 2
Dabei merkt er, dass das gar nicht so einfach ist.	Der geschickte Affe 1 und/oder 2
„Du musst lange üben, dabei ganz ruhig atmen und auf die Kokosnüsse schauen“, sagen die Affen, „dann schaffst du es!“ Klaus übt und fühlt sich dabei mutig und geschickt wie ein Affe. Nun kann Klaus Affen-Yoga.	Der geschickte Affe 1 und/oder 2

Er bedankt sich bei den Affen	**im Fersensitz verbeugen und bedanken**
und läuft weiter.	**auf allen vieren laufen**
Doch was ist das? Er sieht im Gebüsch ein riesengroßes Spinnennetz.	**erschrecken** 
Im Netz zappelt eine kleine dicke Biene,	**zappeln**
während eine große schwarze Spinne auf sie zu krabbelt.	**Spinnenbewegungen** 
„So eine Biene hat mir das Leben gerettet", denkt Klaus, und ohne weiter nachzudenken springt er ins Netz hinein.	**auf allen vieren springen** 
Das Netz zerreißt und die kleine dicke Biene ist frei. Das war knapp!	
Klaus läuft ans Meer zurück.	**auf allen vieren laufen**
Am Bootssteg angekommen, setzt er sich in sein hölzernes Boot	**Langsitz** 
und isst die letzten Körnchen aus seiner Hosentasche.	**schmatzen**
Jetzt schaut er aufs Wasser. Im Wasser sieht er Muscheln liegen. Sie öffnen und schließen sich, so wie die Wellen kommen und gehen.	**Die schimmernde Muschel** 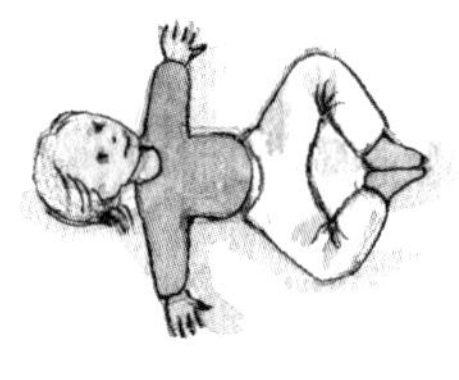
Lange schaut Klaus auf die Muscheln auf dem Meeresboden und hört dabei seinen Atem. Davon wird er ganz ruhig.	
Müde legt er sich in das warme Boot. Er deckt sich mit dem Tuch zu und schaut in den Himmel. Langsam geht die goldene Sonne unter und verfärbt sich in ein strahlendes Rot.	**auf den Rücken legen** 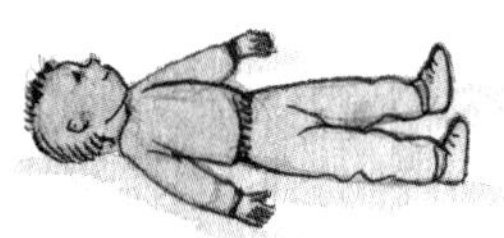

Traumgeschichte

Der Wind weht durch seine Mäusehaare und Klaus hört die Wellen rauschen. Schhhh, schhhhh … schhhhh … und das Boot schaukelt sacht hin und her. ✧✧✧ Klaus träumt mit offenen Augen von seiner langen Reise. ✧✧✧ Dabei sieht er sich selbst, wie er in seinem bunten Tuch aufwacht und die schleichende Schlange entdeckt. ✧✧✧ Er sieht die helle Sonne aufgehen und wie er die biegsame Palme herunterklettert. ✧✧✧

Dann sieht er einen See und viele Flamingos. ✧✧✧ Einige balancieren ganz ruhig auf einem Bein, andere fliegen durch die Lüfte. ✧✧✧ Klaus sieht hohe Kokospalmen und Makak-Affen, die Kokosnüsse für die Menschen ernten. Sie sind sehr mutig, fleißig und geschickt, denn es ist gar nicht so leicht, auf den Palmenblättern zu balancieren. ✧✧✧

Jetzt sieht Klaus die Affen, wie sie ihm Affen-Yoga zeigen, und sich selbst, wie er die Affen-Yoga-Übungen nachmacht. ✧✧✧ „Richtig beugen und drehen musste ich mich dabei und aufpassen, dass ich standhaft bleibe", denkt Klaus. ✧✧✧ „Und weil ich von den Affen gelernt habe, mutig und geschickt zu sein, konnte ich dann leicht ins Spinnennetz springen und die Biene retten. ✧✧✧ Sie sah aus wie Tine, aber die ist ja nicht in Indien, sondern zu Hause im Nussbaum", denkt Klaus. ✧✧✧ Dann sieht er sich im Boot sitzen, die letzten Körner futtern und die Muscheln beobachten, die sich öffnen und schließen. „Das war sehr beruhigend", denkt Klaus. ✧✧✧

Jetzt sieht Klaus, wie die Sonne hinter dem Horizont verschwindet und der Himmel dunkel wird. ✧✧✧ Die ersten Sterne leuchten und das Meer singt ihn in den Schlaf: Schhh … schhh … ✧✧✧
Und Klaus? ✧✧✧ Klaus schließt die Augen und schläft mit einem zufriedenen Lächeln ganz fest ein.

5. Spielgeschichte: Klaus und Tine finden einander

Bekannte Übungen Tine

- Die bewegliche Schaukel (➔ S. 43)
- Die hellen Sonnenstrahlen (➔ S. 41)
- Das hölzerne Boot 1 (➔ S. 41)
- Der hohe Turm 1 (➔ S. 42)
- Der wehende Wind 1 (➔ S. 50)
- Der hilfsbereite Delfin 1 (➔ S. 49)
- Die duftende Blume (➔ S. 43)
- Der stolze Pfau 1 (➔ S. 53)
- Der starke Büffel 1 (➔ S. 52)
- Die biegsame Palme 1 (➔ S. 56)
- Die schleichende Schlange1 (➔ S. 55)
- Der geschickte Affe 1 (➔ S. 58)
- Der balancierende Flamingo 1 (➔ S. 60)
- Die schimmernde Muschel (➔ S. 44)
- Die summende Biene (➔ S. 43)

Neue Übung Tine

- Die aufgehende Sonne (➔ S. 41)

Bekannte Übungen Klaus

- Die bewegliche Schaukel (➔ S. 43)
- Die aufgehende Sonne (➔ S. 41)
- Die hellen Sonnenstrahlen (➔ S. 41)
- Das hölzerne Boot 1 und / oder 2 (➔ S. 41/42)
- Der hohe Turm 1 und / oder 2 (➔ S. 42/43)
- Der wehende Wind 1 (➔ S. 50)
- Der hilfsbereite Delfin 1 und / oder 2 (➔ S. 49)
- Die duftende Blume (➔ S. 43)
- Der stolze Pfau 1 und / oder 2 (➔ S. 53/54)
- Der starke Büffel 1 und / oder 2 (➔ S. 52/53)
- Die biegsame Palme 1 und / oder 2 (➔ S. 56/57)
- Die schleichende Schlange1 und / oder 2 (➔ S. 55/56)
- Der geschickte Affe 1 und / oder 2 (➔ S. 58/59)
- Der balancierende Flamingo 1 und / oder 2 (➔ S. 60/61)
- Die schimmernde Muschel (➔ S. 44)
- Die summende Biene (➔ S. 43)

Hinweis: Haben Ihre Kinder bisher Tines Erlebnisse gespielt, beginnen Sie auch in der folgenden Spielgeschichte mit Tine, bis sie Klaus trifft. Falls Ihre Kinder bisher Klaus' Erlebnisse gespielt haben, beginnen Sie in der folgenden Spielgeschichte mit Klaus, bis er Tine trifft. Haben Ihre Kinder bisher alle Spielgeschichten von Tine und Klaus gespielt, dann ist es egal, mit welcher Spielfigur Sie beginnen.

Yoga-Spielgeschichte mit Tine und Klaus

Als Tine in der Holzspalte / Klaus im Boot aufwacht, reckt und streckt sie / er sich — **recken und strecken**

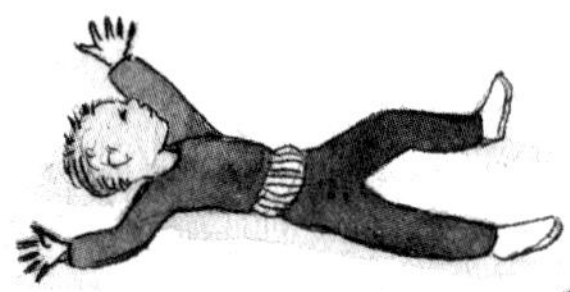

und strampelt mit den Beinchen. — **strampeln**

Dann rollt sie / er sich hin und her. — **Die bewegliche Schaukel**

Die Sonne geht auf — **Die aufgehende Sonne**

und erhellt das Meer und das ganze Land.

Die hellen Sonnenstrahlen

Tine / Klaus schaut sich um und sieht eine Maus / Biene.

im Fersensitz neugierig schauen

Sie / Er bekommt große Augen und schaut genauer hin.

„Hallo, bist du der Klaus, die Maus von zuhause?“, ruft Tine laut.
„Ja, der bin ich“, antwortet Klaus und reibt sich die Augen.

im Langsitz Augen reiben

„Hallo, bist du die Tine, die Honigbiene vom Nussbaum?“, fragt Klaus.
„Ja, die bin ich!“, antwortet Tine laut.

im Langsitz Augen reiben

Da fallen sich beide in die Arme, denn ihnen wird klar, dass beide nach Indien gereist sind, um Yoga zu erlernen, und dass sie sich gegenseitig gerettet haben.
Sie sagen einander „Vielen Dank!“ und freuen sich sehr über ihr Wiedersehen.

umarmen

Nun sitzen beide auf dem Bootssteg und erzählen abwechselnd von ihrer langen Reise.

Langsitz

Tine erzählt vom Segelschiff, mit dem sie übers Meer gesegelt ist und zeigt Klaus Boot-Yoga.

Das hölzerne Boot 1

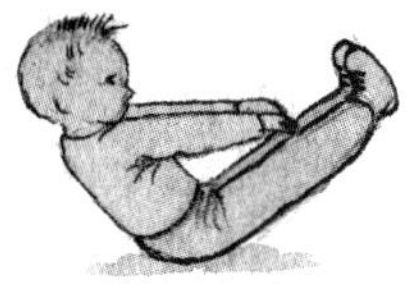

„Ich bin auch übers Meer gefahren“, ruft Klaus „aber mit einem Ruderboot!“ Dabei zeigt er Tine seine Boot-Übung.

Das hölzerne Boot 1 und / oder 2

Tine erzählt vom hohen Leuchtturm am Hafen und zeigt Klaus Turm-Yoga.

Der hohe Turm 1

„Um den Leuchtturm bin ich herum gerudert“, ruft Klaus und zeigt Tine seine Turm-Übung.

Der hohe Turm 1 und / oder 2

Tine erzählt vom Wolkenwind auf dem Meer und zeigt Klaus Puste-Yoga: „Puhhh ... Schhhh ...“

Der wehende Wind 1

„Wind habe ich auch gehört“, ruft Klaus. „Er hat mein Boot auf den Wellen gefährlich hin und her gepustet!“ Er macht den Wind nach: „Puhhh ... Schhh ...“

Der wehende Wind 1

Tine erzählt von den Delfinen im Meer und zeigt Klaus Delfin-Yoga.

Der hilfsbereite Delfin 1

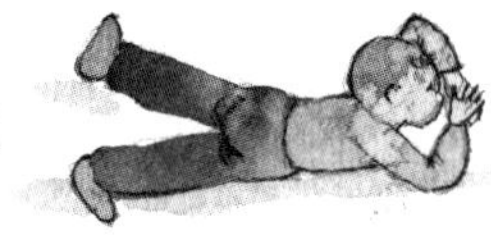

„Die Delfine haben mir geholfen, als ich in Seenot war“, ruft Klaus und zeigt Tine seine Delfin-Übung.

Der hilfsbereite Delfin 1 und / oder 2

Tine erzählt von den duftenden Orchideen auf der Insel und zeigt Klaus Blumen-Yoga.

Die duftende Blume

„Blumen hab ich auch gesehen“, ruft Klaus und macht die Blume nach.

Die duftende Blume

Tine erzählt von dem blauen und dem weißen Pfau im schönen Garten und zeigt Klaus Pfauen-Yoga.

Der stolze Pfau 1

„Einen stolzen blauen Pfau und einen schönen weißen habe ich auch gesehen“, ruft Klaus und zeigt Tine seine Pfauen-Übung.

Der stolze Pfau 1 und / oder 2

Tine erzählt von den kräftigen Büffeln auf dem Reisfeld und zeigt Klaus Büffel-Yoga.

Der starke Büffel 1

„Starke Büffel habe ich auch gesehen“, ruft Klaus. „Sie zogen einen schweren Pflug!“ Er zeigt Tine seine Büffel-Übung.

Der starke Büffel 1 und / oder 2

Tine erzählt von den biegsamen Kokospalmen und zeigt Klaus Palmen-Yoga.

Die biegsame Palme 1

„Palmen mit Kokosnüssen habe ich auch gesehen“, ruft Klaus und zeigt Tine seine Palmen- Übung.

Die biegsame Palme 1 und / oder 2

Tine erzählt von der kleinen Kobra an der Palme und zeigt Klaus Schlangen-Yoga.

Die schleichende Schlange 1

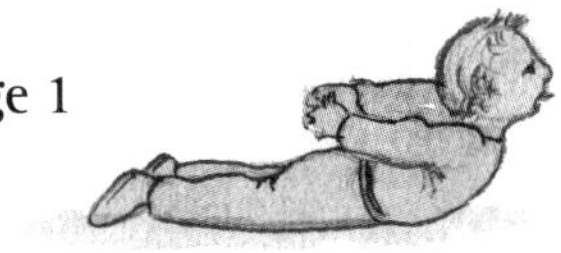

„Schlangen habe ich auch gesehen, sogar eine gefährliche Brillenschlange“, ruft Klaus und zeigt Tine seine Schlangen-Übung.

Die schleichende Schlange 1 und / oder 2

Tine erzählt von den Affen im Dschungel, die Kokosnüsse ernten, und zeigt Klaus Affen-Yoga.

Der geschickte Affe 1

„Geschickte Makak-Affen habe ich auch gesehen“, ruft Klaus und zeigt Tine seine Affen-Übung.

Der geschickte Affe 1 und / oder 2

Tine erzählt von den Flamingos, die im See auf einem Bein stehen, und zeigt Klaus Flamingo-Yoga.

Der balancierende Flamingo 1

„Flamingos habe ich auch gesehen, sie sind sogar geflogen“, ruft Klaus und zeigt Tine seine Flamingo-Übung.

Der balancierende Flamingo 1 und / oder 2

Jetzt haben beide genug erzählt und viel Yoga geübt und ruhen sich im Boot aus. Sie schauen über den Bootsrand und sehen die Muscheln.
Die Muscheln öffnen und schließen sich, so wie die Wellen kommen und gehen. Davon werden Tine und Klaus ganz müde.

Die schimmernde Muschel

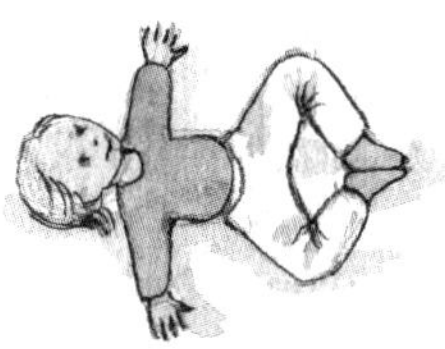

Tine legt sich zuerst ins Boot.

Das hölzerne Boot 1

Sie holt ihre Harfe hervor und summt ein Schlaflied: „Mmmmmm … mmmmm …“

Die summende Biene

Klaus knüpft noch das bunte Tuch an den Mast und legt sich auf die andere Seite ins Boot.

im Fersensitz knüpfen

Nun schließen beide die Augen und träumen von ihrer langen Reise.

Augen schließen

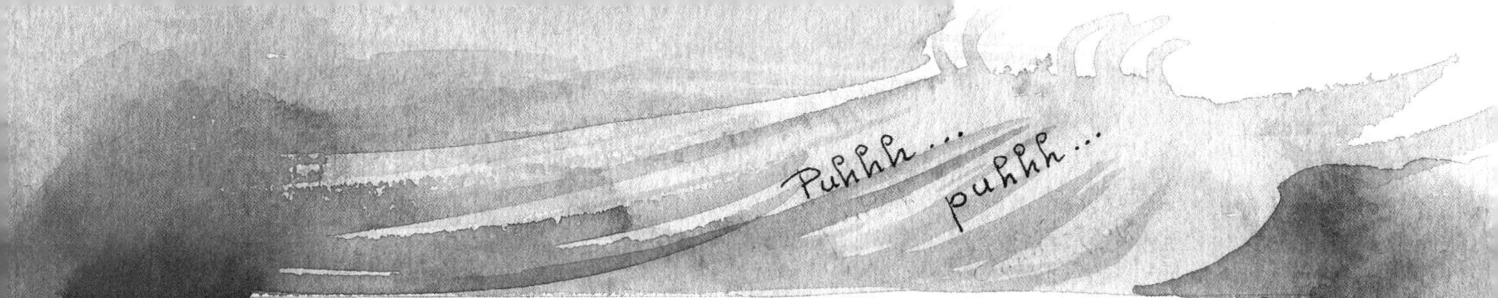

Traumgeschichte

Im Traum hören Klaus und Tine den Seewind ganz leise pusten: Puhhh … puhhh … Und die Wellen des Meeres rauschen an den Strand: Schhh … Schhh … Dabei schaukelt das hölzernen Boot sanft hin und her. ✧✧✧ Die Abendsonne scheint warm auf ihre Körper, und sie atmen beide ganz ruhig ein und aus. ✧✧✧ Dabei spürt Tine, wie dankbar sie Klaus ist, der sie aus dem Spinnennetz gerettet hat. „Richtig mutig ist der Klaus", denkt sie. ✧✧✧ Auch Klaus ist dankbar, dass Tine die Schlange ganz verwirrt hat und denkt: „Die Tine ist richtig schlau." ✧✧✧ Und vor lauter Dankbarkeit wird beiden ganz warm ums Herz. ✧✧✧

Da säuselt der Seewind ihnen zu: „Hallo, ihr beiden, ihr habt viel auf eurer Reise gelernt. Ihr habt gelernt zu helfen. Das hat mir gut gefallen. Und als ihr gemeinsam Yoga geübt habt, hat jeder von euch so geübt, wie er es kann. ✧✧✧ Dabei habt ihr euch gut vertragen und euch nicht miteinander verglichen! ✧✧✧ Ich habe auch gesehen, dass das Yoga-Üben euch sehr viel Spaß macht", säuselt der Wind. ✧✧✧ „Und damit ihr noch viele Yoga-Übungen lernen könnt, werde ich euer Boot zum Fluss pusten und dann weiter in den Dschungel hinein! ✧✧✧ Vertraut mir ruhig, ich bin immer bei euch und passe auf euch auf!" ✧✧✧

Und dann pustet er in das bunte Segel: Puhhh … puhhh … Und die Wellen rauschen: Schhh … schhh … schhh … Puhhh … schhh … puhhh … schhh … puhhh … schhh … ✧✧✧ Ganz langsam schwimmt das Boot mit Klaus und Tine vom Meer über den Fluss ins Landesinnere hinein. ✧✧✧ Es ist inzwischen ganz dunkel geworden und nach und nach werden Sterne sichtbar, bis der ganze Himmel voller Sterne leuchtet. ✧✧✧

Und Klaus und Tine? ✧✧✧ Beide schlafen tief und fest! Sie träumen von ihrer schönen langen Reise.

6. Spielgeschichte: Klaus und Tine bei den Krokodilen

Bekannte Übungen

- Die bewegliche Schaukel (➜ S. 43)
- Das hölzerne Boot 1 und/oder 2 (➜ S. 41/42)
- Die duftende Blume (➜ S. 43)
- Die biegsame Palme 1 und/oder 2 (➜ S. 56/57)
- Die summende Biene (➜ S. 43)
- Der wehende Wind 1 (➜ S. 50)

Neue Übungen

- Der kräftige Holzfäller (➜ S. 44)
- Die spitze Hütte (➜ S. 44)

Intensiveinführung mit Vorstellungsbild

- Das listige Krokodil 1 und/oder 2 (➜ S. 62)

Yoga-Spielgeschichte mit Klaus und Tine

Klaus und Tine erwachen im hölzernen Boot.
Sie recken und strecken sich
und gähnen ganz laut.

recken und strecken
gähnen

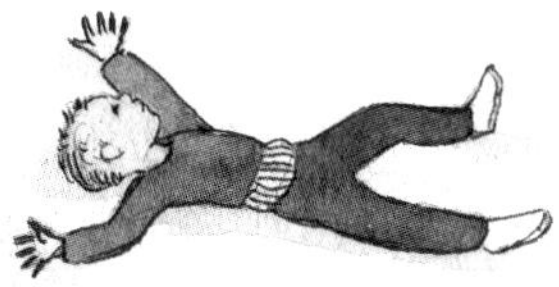

Sie strampeln mit ihren Beinchen

strampeln

und rollen sich hin und her.

Die bewegliche Schaukel

Dann setzen sie sich auf.

Langsitz

„Nanu, wo ist der Bootssteg?", ruft Klaus. Richtig, der Seewind hat das Boot über den Fluss in den dichten Dschungel getrieben. Klaus und Tine knurren die Mägen und sie beschließen, im Dschungel Futter zu suchen.

knurren

Klaus rudert das Boot an Land.

Das hölzerne Boot 1 und/oder 2

Tine fliegt auf den Mast und weist ihm den Weg.

im Langsitz Flugbewegungen

Am Ufer hüllt sich Klaus zum Schutz wieder in das bunte Tuch und Tine fliegt auf eine bunte Blume.

Die duftende Blume

„Hmmmmm ..., wie fein die riecht!"

schnuppern

Geschichte	Übung	
Tine nascht genüsslich vom süßen Nektar. Aber wo findet Klaus sein Futter?	**schmatzen**	
Beide laufen weiter	**auf allen vieren laufen**	
und sehen Palmen. Sie biegen sich im Wind hin und her.	**Die biegsame Palme 1 und/oder 2**	
Sie sehen Männer, die Bäume fällen: „Ha, Ha, Ha“.	**Der kräftige Holzfäller**	
Große Elefanten tragen schwere Baumstämme weg.	**auf allen vieren laufen**	
Sie trompeten laut: „Töröh“.	**tönen**	
Ein Elefant rollt mit seinem Rüssel einen Stamm über den Boden.	**hin und her rollen**	
Klaus und Tine laufen weiter und sehen viele Holzhütten mit spitzen Palmenblätterdächern.	**Die spitze Hütte**	
An einem Haus findet Klaus einen Korb mit Körnern. Er nimmt einige heraus und futtert sich satt. Ein paar davon steckt er als Vorrat in seine Tasche.	**schmatzen**	
Satt und zufrieden laufen beide zurück zum Fluss.	**auf allen vieren laufen**	
Aber da sind jetzt große Tiere mit scharfen Zähnen. Sie liegen am Ufer in der Sonne und schauen listig aus ihren Augenwinkeln.	**Das listige Krokodil 1**	
„Wir gehen lieber ein Stück zurück“, sagt Tine zu Klaus. „Die können uns gefährlich werden!“ Aus sicherer Entfernung fragt Tine:	**Fersensitz**	
„Was seid ihr für große Tiere?“ „Wir sind Krokodile“, antworten die Tiere.	**Das listige Krokodil 1**	

„Aber wer seid ihr und was wollt ihr hier?", fragen die Krokodile.
„Wir sind Klaus und Tine und wollen Yoga lernen!"
„Yoga kennen wir auch", rufen die Krokodile. „Schaut her, wir zeigen euch Krokodil-Yoga."

Das listige Krokodil 1 und/oder 2

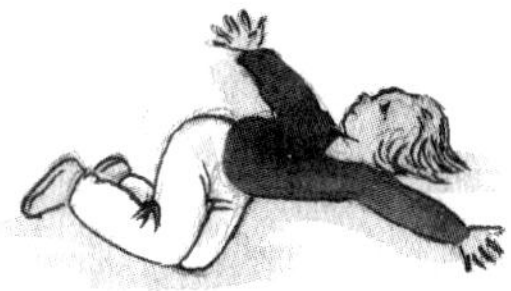

Sie rutschen ins Wasser und schwimmen. Dabei bewegen sie ihre Körper elegant hin und her.

Das listige Krokodil 1 und/oder 2

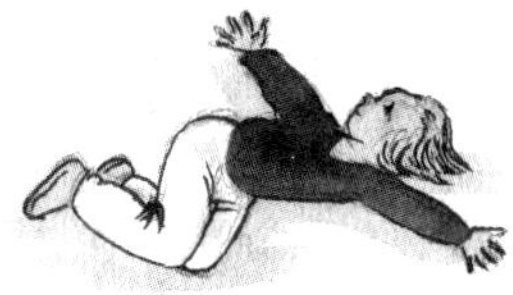

Klaus und Tine bleiben in sicherer Entfernung und machen die Bewegungen nach.

Das listige Krokodil 1 und/oder 2

Dabei fühlen sie sich beweglich und listig wie Krokodile. Nun können beide Krokodil-Yoga.
Sie verbeugen sich vor den Krokodilen und sagen: „Danke."

im Fersensitz verbeugen und bedanken

Die Krokodile senken den Kopf und tauchen unter. Nur die Augen schauen noch heraus. Das sieht sehr gefährlich aus.

auf den Bauch legen

Nun möchten Klaus und Tine nicht im Boot am Ufer schlafen. Sie gehen lieber zurück zu den Holzhütten mit den spitzen Dächern.

Die spitze Hütte

In einer Hütte liegt trockenes Gras. Klaus breitet das Tuch aus und beide legen sich darauf, Rücken an Rücken.

auf die Seite legen

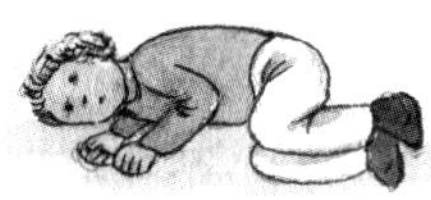

Tine holt ihre Harfe hervor und spielt darauf ein Bienenschlaflied. Dazu summt sie: „Hmmmmm ... Hmmmmm".

Die summende Biene

Tines Summen spürt Klaus im Rücken. „Wie das kribbelt", denkt er.

Und der Wind rauscht in den Wipfeln der Palmen: „Puhhh ... Schhh ..."

Der wehende Wind 1

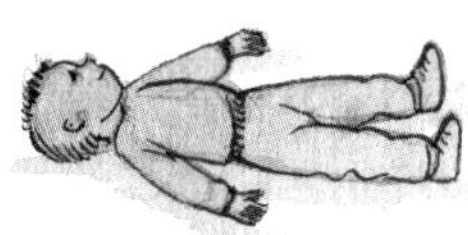

Davon werden beide müde und kuscheln ihre Rücken ganz eng aneinander.

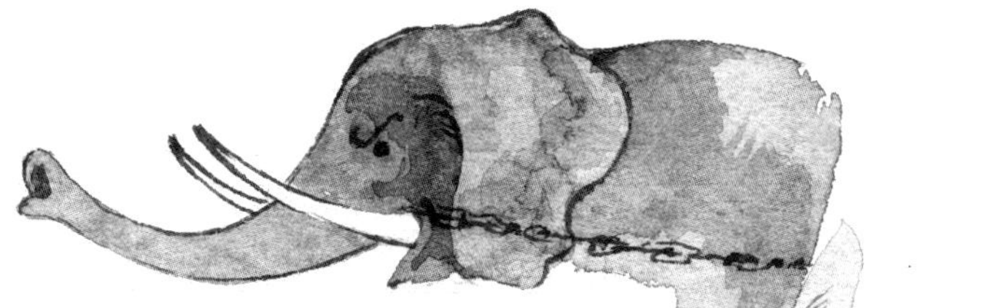

Traumgeschichte

Klaus und Tine träumen mit offenen Augen von ihrer langen Reise. ✧✧✧ Dabei sehen sie sich im Traum selbst, wie sie im hölzernen Boot auf dem Fluss aufwachen und dann an Land rudern. ✧✧✧ Sie sehen, wie sie in den Dschungel gehen und wie Tine an der Blume nascht. „Hmmm … hat die gut gerochen“, denkt Tine, „und so gut geschmeckt.“ ✧✧✧ Sie sehen biegsame Palmen im Wind und kräftige Männer, die Bäume fällen. ✧✧✧ Sie sehen, wie die starken Elefanten ihnen dabei helfen, die schweren Baumstämme wegzutragen. ✧✧✧ Sie sehen spitze Holzhütten und wie Klaus Körner findet und sich satt futtert. „Hmmm … haben die gut geschmeckt“, denkt Klaus, „und einen Körnervorrat für die nächsten Tage habe ich nun auch in der Tasche“, freut er sich. ✧✧✧

Sie sehen die Krokodile im Fluss, wie sie ihnen Krokodil-Yoga zeigen, und sich selbst, wie sie die Krokodile nachmachen. ✧✧✧ „Die Krokodile sind sehr beweglich, aber auch listig und gefährlich“, denkt Tine. „Nur gut, dass ich mich verkleidet habe, so konnten mich die Krokodile nicht erkennen“, denkt Klaus. ✧✧✧ Dann sehen sie im Traum, wie sie in einer Holzhütte einen Schlafplatz im Heu suchen und sich auf das bunte Tuch kuscheln. ✧✧✧ Sie hören noch Tines Harfenspiel und ihr Bienenschlaflied. „Das klang wirklich gut“, denkt Klaus. „Tine ist sehr begabt.“ ✧✧✧

Inzwischen ist es dunkel geworden im Dschungel. ✧✧✧ Die ersten Sterne leuchten am Himmel. ✧✧✧ Aus dem Dschungel hören beide noch im Traum Geräusche: „Knack … knack … Hui … hui … pick … pick … ao … ao … ihhh … ihhhh … uhahhh … uhahhh …“ ✧✧✧

Tine denkt: „Das ist richtig toll, dass Klaus auch da ist. So fühle ich mich beschützt und wohl.“ ✧✧✧ Sie spürt das warme Heu und Klaus seinen warmen Rücken. ✧✧✧ Der Himmel ist jetzt ganz dunkel geworden und nach und nach werden Sterne sichtbar, bis der ganze Himmel voller Sterne leuchtet. ✧✧✧

Und Klaus und Tine? ✧✧✧ Beide schließen die Augen und schlafen mit einem zufriedenen Lächeln ganz fest ein.

7. Spielgeschichte: Klaus und Tine reiten auf dem Elefant in den Nationalpark

Bekannte Übungen

- Die bewegliche Schaukel (➔ S. 43)
- Die spitze Hütte (➔ S. 44)
- Die aufgehende Sonne (➔ S. 41)
- Die hellen Sonnenstrahlen (➔ S. 41)
- Das listige Krokodil 1 und/oder 2 (➔ S. 62)
- Der kräftige Holzfäller (➔ S. 44)

Neue Übungen

- Der springende Tiger (➔ S. 45)
- Der schwingende Bambus (➔ S. 45)

Intensiveinführung mit Vorstellungsbild

- Der mutige Löwe 1 und/oder 2 (➔ S. 63/65)

Yoga-Spielgeschichte mit Klaus und Tine

Klaus und Tine erwachen am Morgen in der Hütte.
Sie recken und strecken sich
und gähnen laut.

recken und strecken
gähnen

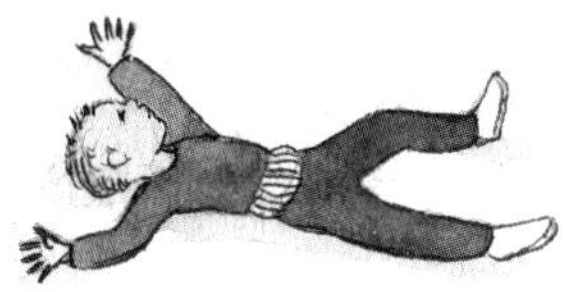

Sie strampeln mit ihren Beinchen
und rollen sich hin und her.

strampeln
Die bewegliche Schaukel

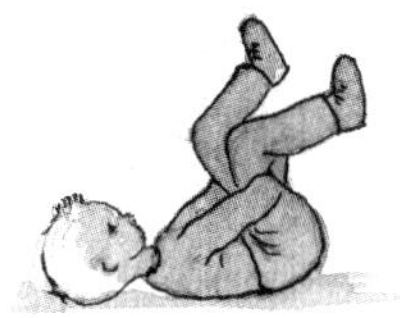

Dann setzen sie sich auf und reiben den Traum aus ihren Augen.

im Langsitz Augen reiben

Jetzt gehen Klaus und Tine nach draußen. Dort sehen sie viele Hütten mit spitzen Dächern, ein ganzes Dorf.

Die spitze Hütte

Die Sonne geht gerade auf

Die aufgehende Sonne

und es wird hell im Dschungel.

Die hellen Sonnenstrahlen

Klaus und Tine laufen los. Sie laufen am Fluss vorbei. Die listigen Krokodile sind immer noch da.	**auf allen vieren laufen** **Das listige Krokodil 1 und/oder 2**	 
Zum Glück kommt gerade ein Elefant vorbei. Klaus und Tine steigen auf den Elefanten und reiten auf ihm sicher durch den Dschungel.	**Vierfüßlerstand** **auf allen vieren laufen**	
Unterwegs sehen sie kräftige Männer, die Bäume fällen: „Ha, Ha, Ha".	**Der kräftige Holzfäller**	
In einem Nationalpark setzt der Elefant Klaus und Tine auf einer Wiese ab. Sie bedanken sich	**im Stand verbeugen und „Danke" sagen**	
und laufen in den Park hinein.	**auf allen vieren laufen**	
Da sehen sie einen Königstiger. Er beobachtet Klaus und Tine und springt von einem Felsen.	**Der springende Tiger**	
Klaus und Tine laufen weiter und sehen Bambussträucher. Sie schwingen im Wind hin und her.	**Der schwingende Bambus**	
Von weitem sehen sie große Tiere in der Sonne liegen, die genüsslich gähnen. Einer von ihnen hat einen riesigen Wuschelbart und schaut sehr grimmig drein.	**gähnen**	
Klaus bleibt lieber in sicherer Entfernung stehen und ermutigt Tine, näher heran zu fliegen.	**im Fersensitz Flugbewegungen**	
Von einem hohen Baum aus fragt Tine das große Tier: „Was bist du für ein großes starkes Tier?" „Ich bin ein Löwe und beschütze mein Rudel, Haaaaaa…", antwortet das Tier. „Aber wer bist du und was willst du hier?"	**Fersensitz** **Der mutige Löwe 1**	
„Ich bin Tine die Honigbiene und möchte Yoga lernen!" „Yoga kann ich auch", ruft der Löwe. „Schau her, ich zeige dir Löwen-Yoga: „Haaaaaa …"	**Der mutige Löwe 1**	

Der Löwe stellt die Vorderpfoten auf und reißt die Augen weit auf. Er holt tief Luft und brüllt ganz laut: „Uuuaaahhh ...“ und zeigt seine scharfen Krallen.

Der mutige Löwe 1 und / oder 2

Die anderen Tiere bekommen vom lauten Gebrüll mächtig Angst und rennen schnell weg.

auf allen vieren laufen

Auch Tine hält sich erschrocken die Ohren zu.

Ohren zuhalten

Dann traut sie sich doch und brüllt, aber viel leiser als der Löwe.: „Haaaaaa ...“

Der mutige Löwe 1 und / oder2

Klaus findet das Brüllen toll und denkt: „So brülle ich auch immer, wenn ich mich ärgere“ und macht das Brüllen nach: „Uuuaaahhh ...“

Der mutige Löwe 1 und / oder 2

Klaus und Tine fühlen sich beim Brüllen stark und mutig wie ein Löwe. Nun können beide Löwen-Yoga.

Tine verbeugt sich vor dem Löwen und sagt: „Danke.“

im Fersensitz verbeugen und bedanken

Der Löwe zwinkert ein wenig und legt sich wieder hin.

zwinkern

Nun wird es langsam dunkel im Park und Klaus und Tine bekommen Hunger.

Klaus futtert seine Körner aus der Hosentasche

schmatzen

und Tine nascht Nektar von einer Blume.

schmatzen

Dann finden sie in einer Höhle Platz zum Schlafen.

Klaus breitet sein Tuch aus und beide legen sich darauf.

auf den Rücken legen

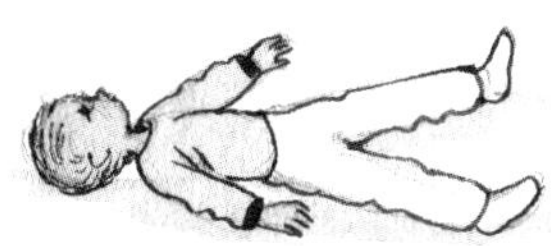

Tine denkt immer noch an den Löwen und hört sogar sein Brüllen „Haaaaa ...“

tönen

Und weil sie nicht einschlafen kann, hebt sie ihre Beine, holt tief Luft und streckt sie wieder aus. Das macht sie einige Male

Beine heben und ausstrecken

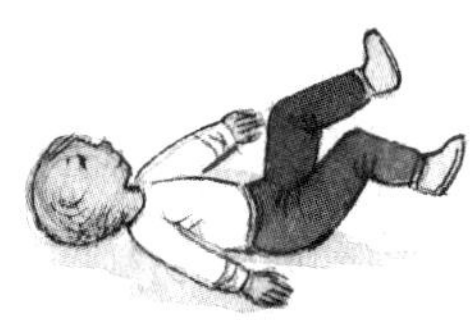

und pustet kräftig dazu: „Puhhh ...“

Auch Klaus streckt sich einige Male genüsslich aus und seufzt dabei.

seufzen

Und weil Tine immer noch nicht schlafen kann, nimmt Klaus sie in seine Arme.

Traumgeschichte

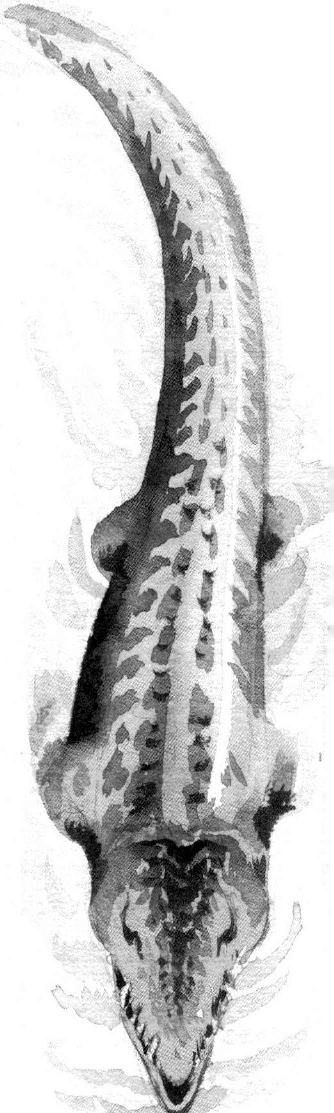

Klaus und Tine liegen eng aneinander gekuschelt im warmen Heu. ✧✧✧ Ganz warm fühlen sich beide eingehüllt, ganz warm. ✧✧✧ Sie hören den Wind, wie er vor der Höhle in die Bäume pustet: „Puuuhhh … schhh …“ ✧✧✧ Davon werden Klaus und Tine ganz müde. Sie schließen beide ihre Augen und beginnen zu träumen. ✧✧✧

Im Traum säuselt der Wind ihnen zu: „Hallo ihr beiden, ich habe euch gesehen. Ihr habt wieder viel gelernt. Das freut mich für euch. ✧✧✧ Ihr habt listige Krokodile, springende Tiger und mutige Löwen beobachtet. Und weil ihr aufeinander aufgepasst habt und einen großen Abstand zu den Tieren gehalten habt, konntet ihr Yoga-Übungen von ihnen lernen. ✧✧✧

„Ja“, murmelt Tine im Schlaf „mir hat das auch gefallen. Wir sind auch auf einem Elefanten zum Nationalpark geritten und haben unterwegs Holzfäller gesehen. ✧✧✧ Im Nationalpark habe ich dann gebrüllt wie ein Löwe. Dabei habe ich mich so mutig gefühlt wie ein Löwe. ✧✧✧ Ein Löwe muss auch stark und mutig sein, wenn er seine Familie beschützen will. Wenn er brüllt, bekommen alle Feinde Angst und laufen ganz schnell weg. ✧✧✧ Nur gut, dass Klaus mir Mut gemacht hat, denn sonst hätte ich mich nicht so nah heran getraut.“ ✧✧✧ Und Klaus denkt im Traum: „Die Tine ist richtig mutig. Wie nah sie sich an den Löwen herangetraut hat.“ ✧✧✧ Da säuselt der Wind: „Ich freue mich, dass euch das Yoga-Üben Spaß macht, und werde euch weiter begleiten. Schlaft nur ruhig und fest, ich passe auf euch auf!“ ✧✧✧

Der Himmel ist inzwischen ganz dunkel geworden und nach und nach werden Sterne sichtbar, bis der ganze Himmel voller Sterne leuchtet. ✧✧✧

Und Klaus und Tine? ✧✧✧ Beide schlafen tief und fest! Sie träumen von ihrer schönen langen Reise.

8. Spielgeschichte: Klaus und Tine in der Wüste

Bekannte Übungen
- Die bewegliche Schaukel (➜ S. 43)
- Der springende Tiger (➜ S. 45)
- Der schwingende Bambus (➜ S. 45)
- Der mutige Löwe 1 und/oder 2 (➜ S. 63/64)
- Die spitze Hütte/Der riesige Berg (➜ S. 44)
- Die duftende Blume (➜ S. 43)

Neue Übungen
- Die sanfte Kuh (➜ S. 45)
- Der tanzende Kranich (➜ S. 46)
- Die aufmerksame Krähe (➜ S. 46)

Intensiveinführung mit Vorstellungsbild
- Die vorsichtige Schildkröte 1 und/oder 2 (➜ S. 65/66)

Yoga-Spielgeschichte mit Klaus und Tine

Am Morgen wachen Klaus und Tine in der Höhle auf. Sie recken und strecken sich und strampeln mit ihren Beinchen. Dann gähnen sie laut. Das klingt fast wie Löwengebrüll: „Haaaaa …"	**recken und strecken** **strampeln** **gähnen**	
Dann rollen sie sich hin und her.	**Die bewegliche Schaukel**	
Sie setzen sich auf und beschließen, weiter durch den Nationalpark zu gehen.	**Langsitz**	
Zuerst sehen sie wieder den springenden Tiger	**Der springende Tiger**	
und den schwingenden Bambus im Wind.	**Der schwingende Bambus**	
Aus sicherer Entfernung sehen sie den mutigen Löwen. Er brüllt ganz laut: „Haaaaa … Uuuaaahhh …"	**Der mutige Löwe 1** **und/oder 2**	

Dann sehen sie viele Hütten mit spitzen Dächern und Kühe, die Klaus und Tine mit großen, sanften Kuhaugen anschauen.

Die spitze Hütte

Die sanfte Kuh

„Wer seid ihr und was macht ihr hier im Nationalpark?", fragt eine Kuh.
„Wir sind Klaus und Tine und möchten Yoga lernen!"

Fersensitz

„Na, dann kommt mal mit zu meinen Verwandten in die Berge", antwortet die Kuh.
„Dort können viele Tiere Yoga."

Der riesige Berg

Klaus und Tine steigen auf die Kuh und reiten in die Berge.

Die sanfte Kuh

Sie sehen Wiesen mit bunten duftenden Blumen.

Die duftende Blume

Sie sehen eine ganze Gruppe tanzender Kraniche. Sie stehen auf einem Bein.

Der tanzende Kranich

Einige hüpfen und fliegen in die Lüfte.

Der tanzende Kranich

Dann sehen sie eine aufmerksame Krähe, die aufgeregt mit den Flügeln schlägt
und hin und her schaut, so, als ob sie etwas suchen würde.

Die aufmerksame Krähe

Nun ist die Kuh bei ihren Verwandten angekommen. Klaus und Tine bedanken und verabschieden sich
und laufen weiter.

im Fersensitz verbeugen und „Danke" sagen

Dann sehen sie ein kleines Tier unter einem Schildpanzer.

Die vorsichtige Schildkröte 1

Klaus und Tine fragen: „Was bist du für ein Tier?" Das Tier streckt vorsichtig seinen Kopf unter dem Panzer hervor und flüstert: „Psssst! ... Ich bin eine Sternschildkröte und verstecke mich vor der Krähe."

Fersensitz

Die vorsichtige Schildkröte 1

„Aber wer seid ihr und was wollt ihr hier?“, fragt die Schildkröte neugierig.

Fersensitz

„Wir sind Klaus und Tine und wollen Yoga ler-nen!“
„Yoga kann ich auch“, flüstert die Schildkröte und zeigt ihnen Schildkröten-Yoga. Dabei frisst sie vorsichtig Blätter von einem stachligen Busch.

Die vorsichtige Schildkröte 1 und / oder 2

Klaus und Tine staunen und machen die Bewegungen nach.
Dabei fühlen sie sich so vorsichtig wie eine Schildkröte.

Die vorsichtige Schildkröte 1 und / oder 2

Nun können Klaus und Tine Schildkröten-Yoga. Sie verbeugen sich vor der Schildkröte
und sagen: „Danke“.

im Fersensitz verbeugen und bedanken

Die Schildkröte senkt den Kopf und zieht vorsorglich Kopf, Beine und Schwänzchen unter den Panzer.

Die vorsichtige Schildkröte 1 und / oder 2

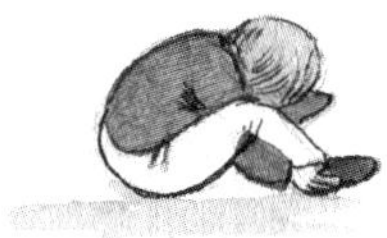

Nun suchen Klaus und Tine einen sicheren Platz zum Schlafen. Sie laufen zurück zur sanften Kuh und ihren Verwandten.

auf allen vieren laufen

Alle Kühe liegen im Kreis und ruhen sich aus.
„Dürfen wir bei euch schlafen?“, fragen Klaus und Tine.
Die sanften Kühe antworten: „Legt euch zu uns, hier seid ihr sicher! Wir geben den Menschen hier Milch und Butter und niemand tut uns etwas zu Leide.“
„Das ist gut“, denken Klaus und Tine und legen sich auf das bunte Tuch mitten in den Kreis.

auf die Seite legen

Eine Weile hören sie noch, wie die Kühe sich leise unterhalten, denn sie haben sich lange nicht gesehen und viel zu erzählen: „Muhhh ...“

Traumgeschichte

Klaus und Tine liegen eng aneinander gekuschelt im Kreis der sanften Kühe und träumen mit offenen Augen von ihrer langen Reise. ✧✧✧ Dabei sehen sie im Traum sich selbst, wie sie in der Höhle erwachen und dann durch den Nationalpark gehen. ✧✧✧ Sie sehen den Tiger, wie er von den Felsen springt, und hören den mutigen Löwen ganz laut brüllen: „Uaahhh …" ✧✧✧ Sie sehen schwingenden Bambus, duftende Blumen und viele Kühe mit großen sanften Augen und sich selbst, wie sie auf den Kühen in die Berge reiten. „Das war toll", denkt Klaus, „so konnten wir in den Bergen die tanzenden Kraniche beobachten. ✧✧✧ Einige von ihnen sind gehüpft, andere haben sich gedreht und mit den Flügeln geschlagen. ✧✧✧ Wieder andere haben sich an den Flügeln gehalten, auf ein Bein gestellt und getanzt. Das sah sehr schön aus." ✧✧✧

Jetzt sehen Klaus und Tine im Traum die aufmerksame Krähe, wie sie Ausschau hält und Futter sucht. „Sie hatte scharfe Augen und konnte ganz weit sehen", denkt Tine. ✧✧✧ Sie sehen im Traum die Schildkröte, wie sie vorsichtig frisst und sich dann unter ihrem schützenden Panzer versteckt. ✧✧✧ „Die hat es gut", denkt Klaus „sie trägt ihren Schutzpanzer immer mit sich herum. So kann sie sich überall und jederzeit vor Feinden verstecken. ✧✧✧ Aber ich habe es auch gut, weil Tine mich begleitet. ✧✧✧ Zu zweit zu reisen ist viel schöner als allein, weil wir aufeinander aufpassen und uns helfen. ✧✧✧ Und außerdem sind noch die lieben Kühe da!" ✧✧✧ So fühlen sich Klaus und Tine sehr wohl und beschützt. ✧✧✧

Der Himmel ist jetzt ganz dunkel geworden. ✧✧✧ Nach und nach werden Sterne am Himmel sichtbar, bis der ganze Himmel voller Sterne leuchtet. ✧✧✧

Und Klaus und Tine? ✧✧✧ Beide schließen die Augen und schlafen mit einem zufriedenen Lächeln ganz fest ein.

9. Spielgeschichte: Klaus und Tine in den Bergen

Bekannte Übungen

- Die bewegliche Schaukel (➔ S. 43)
- Die sanfte Kuh (➔ S. 45)
- Der riesige Berg (➔ S. 44)
- Die vorsichtige Schildkröte 1 und / oder 2 (➔ S. 65/66)
- Die aufmerksame Krähe (➔ S. 46)
- Der tanzende Kranich (➔ S. 46)

Neue Übungen

- Der drehende Busch (➔ S. 46)
- Der ängstliche Hase (➔ S. 47)
- Die schiefe Brücke (➔ S. 47)
- Der wehende Wind 2 (➔ S. 51)

Intensiveinführung mit Vorstellungsbild

- Der verspielte Bär 1 und / oder 2 (➔ S. 66/67)

Yoga-Spielgeschichte mit Klaus und Tine

Am Morgen wachen Klaus und Tine im Kreis der Kühe auf. Sie recken und strecken sich,
strampeln mit ihren Beinchen
und gähnen laut.

recken und strecken
strampeln
gähnen

Dann rollen sie sich hin und her
und setzen sich auf.

Die bewegliche Schaukel
Langsitz

Die Kühe schauen ihnen mit ihren großen sanften Kuhaugen zu.

Die sanfte Kuh

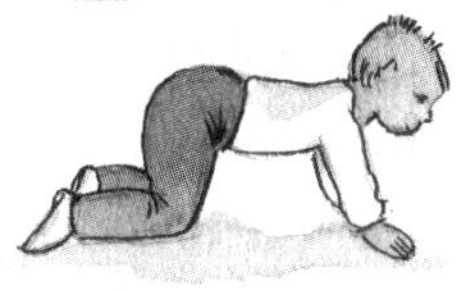

Klaus und Tine sehen in der Ferne Berge
und fragen die Kühe: „Wie heißen diese riesigen Berge?"
„Das ist der Himalaya", antworten die Kühe, „das größte Gebirge der Welt. Dort gibt es auch viele Tiere, die euch Yoga zeigen können! Lauft einfach geradeaus!"

Der riesige Berg

Klaus und Tine bedanken und verabschieden sich von den Kühen
und laufen los.

im Fersensitz verbeugen
und bedanken
auf allen vieren laufen

Zuerst sehen sie eine Schildkröte, die sich vorsichtig versteckt.

Die vorsichtige Schildkröte 1 und / oder 2

Dann entdecken sie eine aufmerksame Krähe, die Ausschau hält.

Die aufmerksame Krähe

Klaus und Tine kommen auf eine Hochlandwiese. Dort sehen sie eine Gruppe Kraniche. Sie tanzen lustig miteinander.

Der tanzende Kranich

Auf der Wiese sehen sie viele Büsche, die sich im Wind hin und her bewegen.

Der drehende Busch

Hasen hoppeln herum und verstecken sich ängstlich.

Der ängstliche Hase

Klaus und Tine gehen über eine alte schiefe Brücke. Das ist sehr gefährlich.

Die schiefe Brücke

Nun sehen sie ein großes Pelztier, das mit seinen Jungen umhertollt.

auf allen vieren springen

Es beugt sich über einen Hügel und frisst kleine Insekten, die wie Ameisen aussehen.

schmatzen

Da bekommt Tine Angst und versteckt sich lieber unter dem Tuch. Klaus geht mutig auf das Tier zu und fragt: „Was bist du für ein Tier?“

Fersensitz

„Ich bin ein Lippenbär und fresse leckere Termiten.“
„Aber wer bist du und was willst du hier in den Bergen?“, fragt der Bär neugierig.

Vierfüßlerstand

Fersensitz

„Ich bin Klaus die Maus und möchte Yoga lernen!“
„Yoga kann ich auch“, ruft der Bär. „Komm ich zeige dir Bären-Yoga.“

Der verspielte Bär 1 und / oder 2

Dazu legt er sich auf den Rücken und streckt alle vier Beine nach oben.
„Das tut gut“, sagt der Bär, „denn ich bin so viel bergauf und bergab gelaufen.“
Klaus staunt und macht die Bewegungen nach.

Der verspielte Bär 1 und / oder 2

Tine hat unter dem Tuch hervorgeschaut und macht auch die Bären-Übung unter dem Tuch nach. Dabei fühlen sich beide verspielt wie ein Bär. Nun können Klaus und Tine Bären-Yoga.

Der verspielte Bär 1 und / oder 2

Klaus verbeugt sich vor dem Bär und sagt: „Danke“.

im Langsitz verbeugen und bedanken

Der Bär wackelt mit dem Schwanz und nascht weiter von den Termiten.

schmatzen

Jetzt bekommen auch Klaus und Tine Hunger. Klaus **schmatzt** die letzten Körner aus seiner Hosentasche und Tine nascht Nektar von einer Blume.

schmatzen

Auf einmal erfasst ein staubiger Wirbelwind Klaus und Tine und weht beide den Abhang hinunter „Puhhh ... Schhh ...“.

Der wehende Wind 2

Unten im Tal angekommen finden sie eine Baumhöhle. „Hier werden wir übernachten“, sagt Tine. Sie legen sich auf das bunte Tuch und wärmen einander.

auf die Seite legen

Traumgeschichte

Klaus und Tine liegen eng aneinander gekuschelt in der warmen Baumhöhle. ✧✧✧ Ganz warm fühlen sich beide, ganz warm. ✧✧✧ Der Bergwind weht sacht vor der Höhle: Schhh … schhh … ✧✧✧ Davon werden Klaus und Tine ganz müde. ✧✧✧ Sie schließen die Augen und beginnen zu träumen. ✧✧✧

Im Traum säuselt der Bergwind ihnen zu: „Hallo ihr beiden, da bin ich wieder. ✧✧✧ Ich habe euch gesehen, wie ihr durch die Berge gelaufen seid und viel erlebt habt. ✧✧✧ Ihr habt tanzende Kraniche, eine aufmerksame Krähe, eine vorsichtige Schildkröte und einen ängstlichen Hasen gesehen. ✧✧✧ Ihr seid über eine schiefe Brücke gelaufen und habt die Büsche gesehen, die ich hin und her gepustet habe.“ ✧✧✧
„Ja“, murmelt Tine im Schlaf „und einen Bären haben wir auch gesehen. Er hat mit seiner langen Schnauze von einem großen Haufen Termiten gefressen und uns Bären-Yoga gezeigt. ✧✧✧ Das haben wir dann nachgemacht. Dabei haben wir uns ganz verspielt gefühlt.“ ✧✧✧ Da säuselt der Wind: „Ich freue mich, dass euch das Yoga-Üben Spaß macht, und werde euch weiter begleiten. ✧✧✧ Schlaft nur ruhig und fest, ich passe auf euch auf!“ ✧✧✧

Der Himmel ist jetzt ganz dunkel geworden. ✧✧✧ Nach und nach werden Sterne sichtbar, bis der ganze Himmel voller Sterne leuchtet. ✧✧✧

Und Klaus und Tine? ✧✧✧ Beide schlafen tief und fest! Sie träumen von ihrer schönen langen Reise.

10. Spielgeschichte: Klaus und Tine auf dem Turm

Bekannte Übungen
- Die bewegliche Schaukel (➜ S. 43)
- Die aufgehende Sonne (➜ S. 41)
- Die hellen Sonnenstrahlen (➜ S. 41)
- Der drehende Busch (➜ S. 46)
- Der ängstliche Hase (➜ S. 47)
- Die schiefe Brücke (➜ S. 47)
- Der verspielte Bär 1 und / oder 2 (➜ S. 66/67)
- Der wehende Wind 1 und / oder 2 (➜ S. 50/51)
- Der hohe Turm 1 und / oder 2 (➜ S. 42/43)

Neue Übungen
- Die stille Eidechse (➜ S. 47)
- Der spähende Adler (➜ S. 48)

Intensiveinführung mit Vorstellungsbild
- Der halbe Mond 1 und / oder 2 (➜ S. 68/69)

Yoga-Spielgeschichte mit Klaus und Tine

Am Morgen wachen Klaus und Tine in der Baumhöhle auf. Sie recken und strecken sich, strampeln mit ihren Beinchen und gähnen laut.	**recken und strecken** **strampeln** **gähnen**
Sie rollen sich hin und her und setzen sich auf.	**Die bewegliche Schaukel** **Fersensitz**
Als sie nach draußen gehen, sehen sie hinter den Bergen die Sonne aufgehen.	**Die aufgehende Sonne**
Sie erhellt das ganze Bergland.	**Die hellen Sonnenstrahlen**
Klaus und Tine laufen los. Sie sehen Büsche im Wind	**auf allen vieren laufen** **Der drehende Busch**
und einen Hasen mit langen Ohren.	**Der ängstliche Hase**

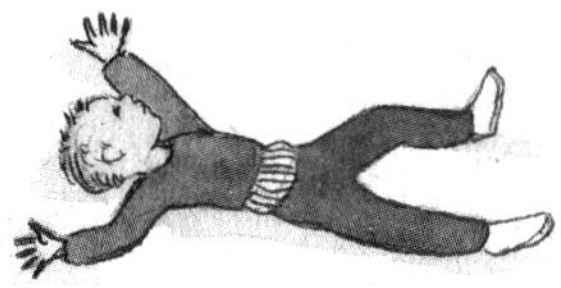
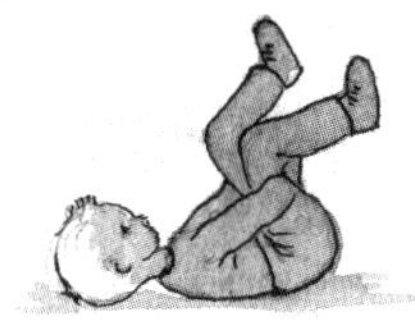

Felsbrocken fallen vom Berg.	**Die bewegliche Schaukel**	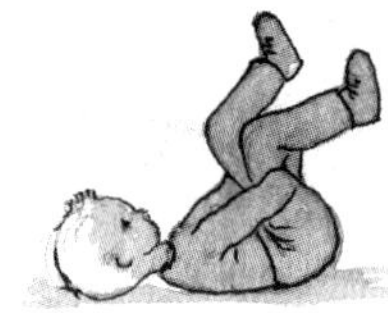
Klaus und Tine gehen über eine schiefe Brücke.	**Die schiefe Brücke**	
Von weitem sehen sie einen verspielten Bär. Er tollt mit seinen Jungen umher.	**Der verspielte Bär 1 und/oder 2**	
Der Wind wird immer kälter: „Puhhh ... Schhh ...“	**Der wehende Wind 1**	
Da bekommen Klaus und Tine großen Hunger. Aber Klaus hat keine Körner mehr in seiner Hosentasche und Tine findet keine Blumen.		
Da erfasst beide ein Wirbelwind.	**Der wehende Wind 1 und/oder 2**	
Er weht sie auf einen Tempel mit einem hohen Turm.	**Der hohe Turm 1 und/oder 2**	
In einer Mauerspalte sehen sie eine Eidechse. Sie liegt ganz still da. Ab und zu schaut sie neugierig hoch.	**Die stille Eidechse**	
Auf dem hohen Turm hockt ein Adler. Er späht aufmerksam hin und her.	**Der spähende Adler**	
Im Tempel sehen Klaus und Tine viele Mönche. Nicht weit vom Tempel entfernt entdecken sie das große Meer.	**Fersensitz**	

Da wird es dunkel und am Himmel wird der Halbmond sichtbar.

Der halbe Mond 1

„Wer seid ihr und wo wollt ihr hin?", fragt der Mond.
„Wir sind Klaus und Tine und wollen Yoga lernen!"

Stand

„Yoga kann ich auch", ruft der Mond. „Schaut her, ich zeige euch Mond-Yoga."

Der halbe Mond 1
und / oder 2

Dabei biegt er sich hin und her: „Wenn ich abnehme, sehe ich so aus."
„Wenn ich zunehme, sehe ich so aus."

nach links biegen
nach rechts biegen

Klaus und Tine staunen und machen die Bewegungen nach.
Dabei fühlen sie sich biegsam wie ein Halbmond. Nun können Klaus und Tine Mond-Yoga.

Der halbe Mond 1
und / oder 2

Klaus und Tine verbeugen sich vor dem Mond und sagen: „Danke."

im Stand verbeugen
und bedanken

Der Mond lächelt und blinkt ihnen zu. Dann verschwindet er hinter grauen Wolken.

„Uhuhhh ...", klingt es plötzlich. Klaus und Tine schauen sich verwundert an. Da sitzt doch eine Eule auf dem Turmgeländer und fragt: „Seid ihr Klaus und Tine?"
„Ja", antworten beide. „Woher kennst du uns?"
„Das ist eine lange Geschichte", sagt die Eule. „Die erzähle ich euch morgen." Und schon fliegt sie los und verschwindet im Nachthimmel.

hocken

Klaus und Tine werden müde und legen sich hin. Sie hüllen sich eng aneinander geschmiegt in das bunte Tuch hinein.

auf die Seite legen

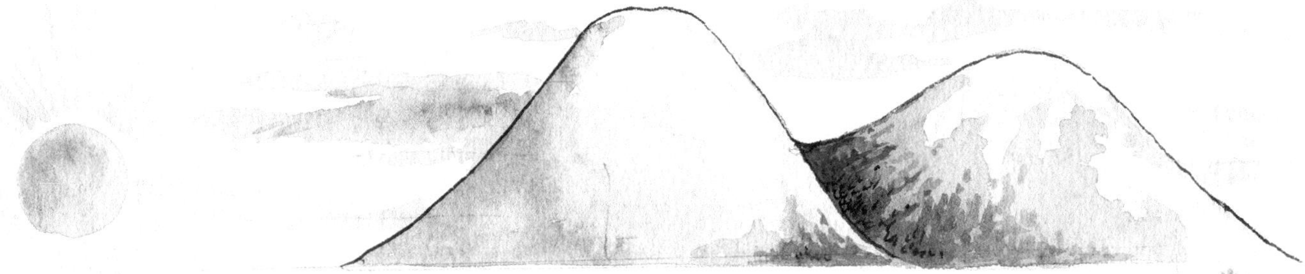

Traumgeschichte

Eine ganze Weile lang hören Klaus und Tine, wie die Mönche sich leise unterhalten. Beide sind sehr gespannt, was die Eule ihnen morgen wohl erzählen wird. ✧✧✧ Eng und warm aneinander gekuschelt liegen sie auf dem Tuch und träumen mit offenen Augen von ihrer langen Reise. ✧✧✧ Dabei sehen sie sich selbst, wie sie am Morgen in der Baumhöhle erwachen, wie die Sonne aufgeht und die Berge im Sonnenlicht erstrahlten lässt. ✧✧✧ Sie sehen sich durch die Berge laufen, an den drehenden Büschen vorbei und über eine schiefe Brücke. ✧✧✧ Sie sehen Felsbrocken ins Tal fallen, einen ängstlichen Hasen und einen verspielten Bären, der mit seinen Jungen herumtollt. Er liegt auf dem Rücken und streckt alle vier Beine in die Luft. „Das sah lustig aus", denkt Tine. ✧✧✧ Dann hören sie den Wind: „Puhhh … Schhh …", der sie erfasst und auf einen Tempel trägt. ✧✧✧ Dort sehen sie eine stille Eidechse, die ganz ruhig ist, und einen Adler, der aufmerksam herumspäht. ✧✧✧ Sie sehen im Traum auch den Mond am Himmel, wie er sich biegt, mal nach rechts und mal nach links, und ihnen Mond-Yoga zeigt. „Das war gar nicht so einfach nachzumachen", denkt Tine „ich musste mich richtig biegen." ✧✧✧ Doch dann hören sie wieder den Wind: „Schhhh … Hallo ihr beiden, da bin ich wieder, schhh … Ich habe euch gesehen, wie ihr die alte Eule getroffen habt. Sie wird euch morgen eine lange Geschichte erzählen. ✧✧✧ Doch nun ist es Nacht und ihr müsst noch lange schlafen. Ich bin bei euch und passe gut auf euch auf." ✧✧✧

So fühlen sich Klaus und Tine ganz wohl und beschützt. ✧✧✧ Beide schließen die Augen und schlafen mit einem zufriedenen Lächeln ganz fest ein.

Abschlussangebot

Tine und Klaus verabschieden sich

Als Klaus und Tine am nächsten Morgen auf dem Turm erwachen, hören sie seltsame Geräusche. „Was ist denn das?“, rufen beide verwundert und reiben ihre Augen. Auf dem Turmgeländer sitzen viele Tiere.
Klaus und Tine schauen genauer hin und erkennen den **spähenden Adler**, die **aufmerksame Krähe** und **die tanzenden Kraniche**. Auf dem Turmboden sehen sie die **stille Eidechse** und als sie vom Turm herunter schauen, sehen sie den **verspielten Bär**, den **ängstlichen Hasen**, die **vorsichtige Schildkröte**, die **sanften Kühe**, den **springenden Tiger**, und sogar der **mutige Löwe** ist dabei. Auf der anderen Seite sehen sie die **starken Büffel**, die **geschickten Affen**, die **schleichenden Schlangen** und den **stolzen Pfau.** Weiter weg in einem See sehen sie **listige Krokodile, balancierende Flamingos** und **schimmernde Muscheln.**

Um den See herum stehen **biegsame Palmen, drehende Büsche, schwingender Bambus** und **duftende Blumen**. Daneben sehen sie **spitze Hütten** und einen **hohen Turm, kräftige Holzfäller**, die Holz schlagen und über eine **schiefe Brücke** in die **riesigen Berge** tragen. Am Horizont sehen sie die **aufgehende Sonne** und die **hellen Sonnenstrahlen.** Hinter den Bergen auf der anderen Seite sehen sie den **gebogenen Halbmond** und **der Wind weht** die Wolken über den Himmel. In weiter Ferne sehen sie das Meer und die **hilfsbereiten Delfine**, die über die Wellen springen und die **hölzernen Boote** und **Schiffe** begleiten, die **beweglich** über die Wellen **schaukeln**.
Da kommt eine Eule angeflogen und setzt sich vor Klaus und Tine auf den Turmboden. „Hallo ihr zwei!“ ruft sie. „Ich bin Alba, die Schleiereule aus dem Himalaya. Mein Freund der Wind hat mir erzählt, dass ihr nach Indien gekommen seid, um hier Yoga zu lernen. Dabei habt ihr viel gesehen und erlebt. Alle, die euch beim Yoga-Lernen geholfen haben, sind heute hier versammelt. Denn eure lange Reise geht nun zu Ende. Eure Familien warten zu Hause schon auf euch. Deshalb möchten wir euch nun verabschieden.“
„Oh, das ist aber schade“, ruft Tine. „Es hat so viel Spaß gemacht mit euch.“ „Und wir haben so viele Yoga-Übungen von euch gelernt“, ruft Klaus. „Ja, das wissen wir“, sagt die Eule. „Und weil ihr so viel gelernt habt, vertragt ihr euch jetzt auch viel besser!“
„Das stimmt“, ruft Klaus und nimmt Tine auf den Arm. Da hat Tine eine gute Idee und sagt: „Wenn wir wieder zu Hause sind, zeigen wir beide gemeinsam meiner Bienenfamilie, der Oma Elfriede, der alten Eule und allen Tieren des Waldes die Yoga-Übungen, die wir hier in Indien gelernt haben!“ „Ja“, ruft Klaus, „das machen wir!

„Bevor ihr geht, wollen wir uns alle von euch verabschieden“, sagt die weise Eule Alba. Und schon stellen sich alle in einer langen Reihe auf und zeigen noch einmal ihre Yoga-Übung.

An dieser Stelle wiederholen die Kinder alle Übungen noch einmal.

- Der spähende Adler (➜ S. 48)
- Die aufmerksame Krähe (➜ S. 46)
- Der tanzende Kranich (➜ S. 46)
- Die stille Eidechse (➜ S. 47)
- Der verspielte Bär 1 und / oder 2 (➜ S. 66/67)
- Der ängstliche Hase (➜ S. 47)
- Die vorsichtige Schildkröte 1 und / oder 2 (➜ S. 65/66)
- Die sanfte Kuh (➜ S. 45)
- Der springende Tiger (➜ S. 45)
- Der mutige Löwe 1 und / oder 2 (➜ S. 63/64)
- Der starke Büffel 1 und / oder 2 (➜ S. 52/53)
- Der geschickte Affe 1 und / oder 2 (➜ S. 58/59)
- Die schleichende Schlange 1 und / oder 2 (➜ S. 55/56)
- Der stolze Pfau 1 und / oder 2 (➜ S. 53/54)
- Das listige Krokodil 1 und / oder 2 (➜ S. 62)
- Der balancierende Flamingo 1 und oder 2 (➜ S. 60/61)
- Die schimmernde Muschel (➜ S. 44)
- Die biegsame Palme 1 und / oder 2 (➜ S. 56/57)
- Der drehende Busch (➜ S. 46)
- Der schwingende Bambus (➜ S. 45)
- Die duftende Blume (➜ S. 43)
- Die spitze Hütte (➜ S. 44)
- Der hohe Turm 1 und / oder 2 (➜ S. 42/43)
- Der kräftige Holzfäller (➜ S. 44)
- Die schiefe Brücke (➜ S. 47)
- Der riesige Berg (➜ S. 44)
- Die aufgehende Sonne (➜ S. 41)
- Die hellen Sonnenstrahlen (➜ S. 41)
- Der halbe Mond 1 und / oder 2 (➜ S. 68/69)
- Der wehende Wind 1 und / oder 2 (➜ S. 50/51)
- Der hilfsbereite Delfin 1 und / oder 2 (➜ S. 49)
- Das hölzerne Boot 1 und / oder 2 (➜ S. 41/42)
- Der tanzende Kranich (➜ S. 46)
- Die bewegliche Schaukel (➜ S. 43)

Die Geschichte verläuft folgendermaßen weiter.

Nachdem nun alle ihre Übungen vorgeführt und sich ganz herzlich verabschiedet haben, stehen schon zwei Kraniche mit einem Korb bereit. „Steigt ruhig ein in den Korb", rufen sie, „wir fliegen euch nach Hause!"
Und als Klaus und Tine in den Korb steigen, fällt Tine auf, dass sie viel leichter geworden ist und ihre Beinchen viel höher heben kann, und Klaus fällt auf, dass er viel ruhiger geworden ist und nicht mehr überall anstößt. Dann rufen beide ganz laut: „Auf Wiedersehen!" und winken mit dem bunten Tuch. Da packen die Kraniche mit ihren langen Schnäbeln die Korbhenkel, breiten ihre Schwingen aus und fliegen mit dem Korb in die Lüfte. Lange schauen Klaus und Tine aus dem Korb nach unten. Sie sehen den Tempel und den Turm, die Berge und das Meer. Je höher die Kraniche fliegen, desto kleiner wird die Welt.
Klaus und Tine sind ein wenig traurig über den Abschied, aber sie nehmen sich vor, bald wieder nach Indien zu reisen, denn sie wollen ja noch den Kopfstand lernen. „Den zeigen euch die Fledermäuse in den Berghöhlen, die hängen den ganzen Tag kopfüber an der Decke", rauscht da der Wind ihnen zu.
Klaus und Tine freuen sich jetzt sehr auf ihre Lieben zu Hause. „Das wird eine lustige Zeit!", denkt Tine. Und Klaus überlegt schon, was er seiner Oma alles erzählen wird.
Und weil die Reise noch lang ist, legen sich beide eng aneinander gekuschelt in den warmen Korb und decken sich mit dem bunten Tuch zu. Tiene holt ihre Harfe hervor und spielt ein Schlaflied: „Bing, bing ..." und Klaus summt dazu: „Hmmm ..." Dann schlafen beide mit einem glücklichen und zufriedenen Lächeln ein.
„Schhh ... Schhh ...", rauschen die Flügel der Kraniche. „Puhh... puh... schhh ... schhh ...", rauscht auch der Wind. Er säuselt beiden leise ins Ohr: „Schlaft gut, ihr zwei! Die Kraniche und ich, wir passen auf euch auf!"

Plakat mit 48 Bildkarten

Auf dem Plakat sind 48 Bildkarten mit Yoga-Übungen aus den Spielgeschichten abgebildet. Sie sind in Bezug auf ihre Wirkungen in acht Kategorien eingeteilt.

Acht Kategorien und ihre Wirkweisen

Rückbeuge (Spielkartenfarbe: Rot, ➜ S. 131)
- Der hilfsbereite Delfin 1 und 2 (➜ S. 49)
- Die sanfte Kuh (➜ S. 45)
- Die schleichende Schlange 1 und 2 (➜ S. 55/56)
- Die stille Eidechse (➜ S. 47)

Vorbeuge (Spielkartenfarbe: Grün)
- Der stolze Pfau 1 und 2 (➜ S. 53/54)
- Der starke Büffel 1 und 2 (➜ S. 52/53)
- Die vorsichtige Schildkröte 1 und 2 (➜ S. 65/66)
- Der springende Tiger (➜ S. 45)

Seitbeuge (Spielkartenfarbe: Pink)
- Die biegsame Palme 1 und 2 (➜ S. 56/57)
- Der halbe Mond 1 und 2 (➜ S. 68/69)
- Der schwingende Bambus (➜ S. 45)
- Die aufmerksame Krähe (➜ S. 46)

Drehübung (Spielkartenfarbe: Lila)
- Der geschickte Affe 1 und 2 (➜ S. 58/59)
- Das listige Krokodil 1 und 2 (➜ S. 62)
- Die hellen Sonnenstrahlen (➜ S. 41)
- Der drehende Busch (➜ S. 46)

Umkehrübung (Spielkartenfarbe: Braun)
- Der verspielte Bär 1 und 2 (➜ S. 66/67)
- Der ängstliche Hase (➜ S. 47)
- Der hohe Turm 1 und 2 (➜ S. 42/43)
- Die spitze Hütte / Der riesige Berg (➜ S. 44)

Gleichgewichtsübung (Spielkartenfarbe: Blau)
- Der balancierende Flamingo 1 und 2 (➜ S. 60/61)
- Das hölzerne Boot 1 und 2 (➜ S. 42)
- Der spähende Adler (➜ S. 48)
- Der tanzende Kranich (➜ S. 46)

Beweglichkeitsübung (Spielkartenfarbe: Grau)
- Die schiefe Brücke (➜ S. 47)
- Die bewegliche Schaukel (➜ S. 43)
- Die duftende Blume (➜ S. 43)
- Die schimmernde Muschel (➜ S. 44)
- Die aufgehende Sonne (➜ S. 41)

Atemübung (Spielkartenfarbe: Gelb)
- Der mutige Löwe 1 und 2 (➜ S. 63/64)
- Die summende Biene (➜ S. 43)
- Der wehende Wind 1 und 2 (➜ S. 50/51)
- Der kräftige Holzfäller (➜ S. 44)

Die Einteilung der Yoga-Übungen in Kategorien und die Angaben zu ihren Wirkungen helfen Ihnen, diese gezielt einzusetzen, z. B. vor den Hausaufgaben die **Gleichgewichtsübungen** zur Zentrierung. Am Morgen oder vor schwierigen Aufgaben die **Rückbeugen** für Kraft und Mut. Die **Atemübungen** zum Loslassen und Entschlacken am Abend etc.

Wichtig!
Da Yoga ganzheitlich wirkt, sind alle Übungsziele und -wirkungen abhängig von der Befindlichkeit der Kinder. Wenn die Kinder über eine lange Zeit regelmäßig üben, werden sie viele Wirkungen erspüren. Dabei kann es sein, dass ein Kind sofort positiv reagiert und ein anderes länger braucht.

Rückbeuge

In Rückbeugen wird die Wirbelsäule an bestimmten Stellen gestreckt und nach hinten gebogen. Die Körpervorderseite wird gedehnt. Im Brustraum entsteht Weite und das Einatmen wird vertieft. Kinder mit Rundrücken erfahren hier einen wohltuenden Ausgleich, deshalb bekommen ihnen Rückbeugen besonders gut!

Gleichzeitig wird die Körperrückseite komprimiert und nach dem Auflösen durchblutet und gestärkt. Rückbeugen sind kraftvolle Übungen, sie wirken anregend und weiten nicht nur den Lungenraum, sondern auch den Herzraum. Zum Ausgleich bietet sich die Vorbeuge an.

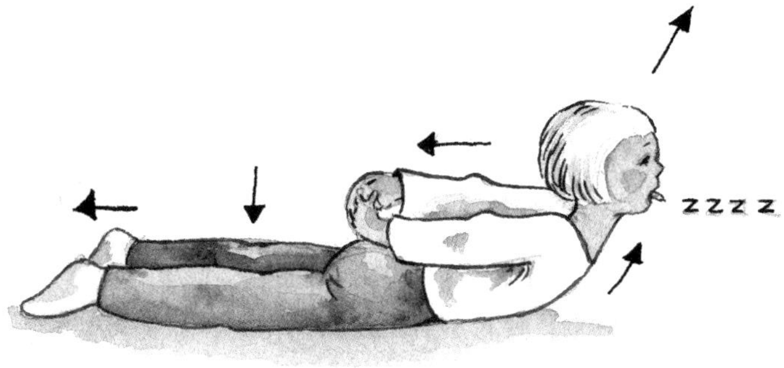

Vorbeuge

In Vorbeugen mit geradem Rücken (z.B. „Der stolze Pfau 1/2“, ➜ S. 53/54) wird der Rumpf erst aufgerichtet und dann aus dem Becken heraus gerade nach vorn geneigt, die Wirbelsäule gestreckt und die natürlichen Krümmungen der Wirbelsäule etwas verflacht. Das entlastet die Bandscheiben, gleicht Rundrücken und Hohlkreuz aus. Die Vorbeuge mit geradem Rücken stärkt die Rückenmuskeln und hebt den Brustkorb an. Sie wirkt anregend auf den Kreislauf.

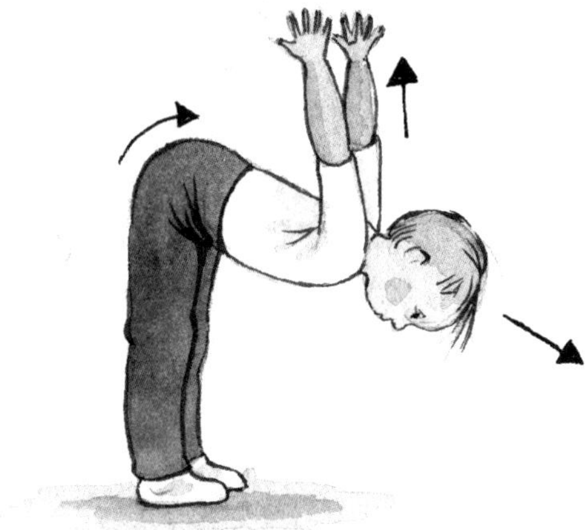

In Vorbeugen mit rundem Rücken (z.B. „Der starke Büffel 1“, ➜ S. 52, und „Die vorsichtige Schildkröte 1/2“, ➜ S. 65/66) wird die Wirbelsäule nach vorn gebogen. Die Körperrückseite wird gedehnt und wenn die Vorbeuge über mehrere Atemzüge hinweg gehalten wird (z.B. „Schildkröte 1“), werden im Rücken Verspannungen besonders gut aufgelöst. Das spüren die Kinder im Schultergürtelbereich, da die Schultern gut nach unten sinken können.

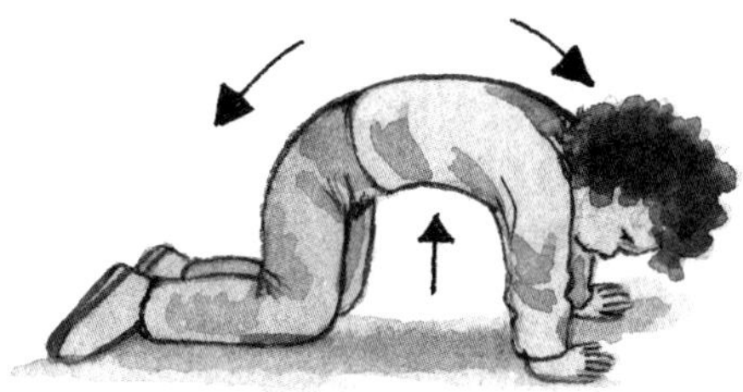

Die Körpervorderseite wird komprimiert und nach dem Lösen gut durchblutet und die Verdauung angeregt. Oft sind Magengeräusche zu hören. Vorbeugen mit rundem Rücken wirken ausgleichend auf das Hohlkreuz und beruhigen den Geist. Zum Ausgleich bietet sich die Rückbeuge an.

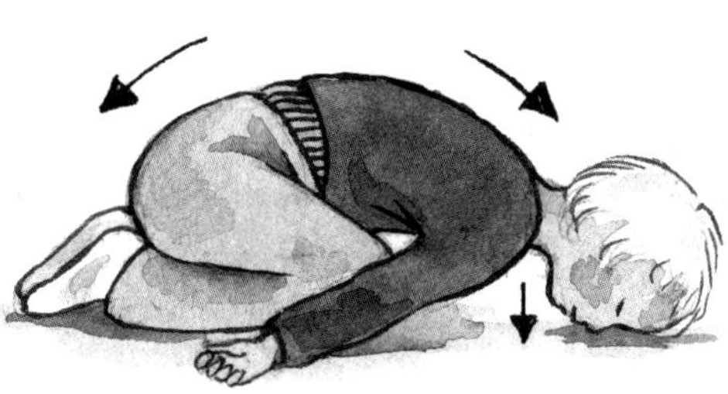

Seitbeuge

In Seitbeugen wird die Wirbelsäule erst aufgerichtet und dann an bestimmten Stellen in einer Ebene zur Seite gebogen. (Nicht nach vorn ausweichen!) Die Rumpfseiten werden abwechselnd komprimiert und gedehnt. Das durchblutet und entkrampft die Atemmuskulatur besonders gut und vertieft den Atem. Seitbeugen werden immer im Wechsel zu beiden Seiten gleich oft geübt und wirken deshalb in sich schon ausgleichend.

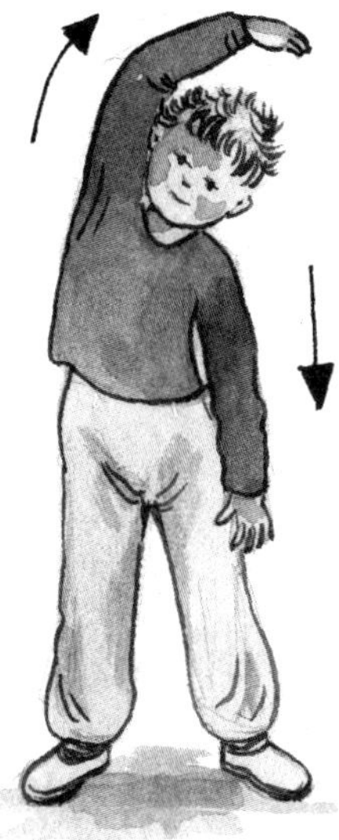

Drehübung

In Drehübungen werden die Wirbelkörper der Wirbelsäule gedreht und die Bandscheiben sowie die Bauchorgane sprichwörtlich „ausgewrungen". Das bewirkt in den Bandscheiben eine gute Durchfeuchtung. Gleichzeitig werden die schrägen Rücken- und Bauchmuskeln abwechselnd gedehnt und gelöst, was die Verdauung und auch in der Muskulatur eine gute Durchblutung anregt.
Drehübungen weiten die Seiten und Flanken, so dass sie beim Atmen besser mitschwingen können. Aber auch im Brustbereich wird durch die Drehung der Atem mal mehr in die eine und mal mehr in die andere Lungenseite hineingesogen. Drehübungen werden immer im Wechsel zu beiden Seiten gleich oft geübt und wirken deshalb in sich schon ausgleichend.

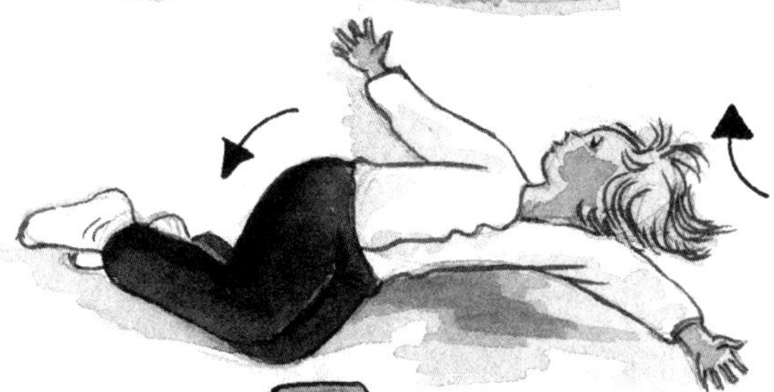

Umkehrübung

In Umkehrübungen befindet sich der Kopf in Höhe des Beckens oder noch tiefer. Durch die Schwerkraftwirkung des Blutes erhöht sich der Blutdruck in den Regionen Hals und Kopf. Die Ringmuskeln der Blutadern gleichen diesen Druck durch ein Zusammenziehen der Gefäßmuskulatur aus. So wird ein Blutstau verhindert. Außerdem wird in Umkehrhaltung mit erhobenen Beinen (z. B. „Der verspielte Bär 1/2", ➜ S. 66/67) der Rückfluss des Blutes aus den Beinen zum Herzen in den Venen erleichtert und so der Kreislauf angeregt.

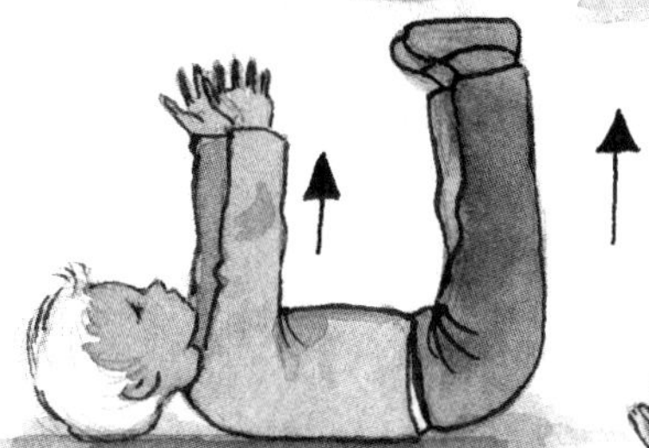

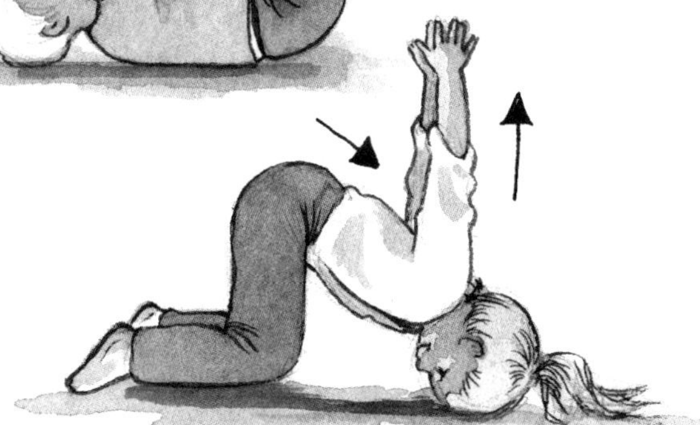

Umkehrübungen wirken belebend. Sie bieten die Möglichkeit, sich selbst und die Umwelt aus einer ganz anderen Perspektive zu sehen und haben deshalb auch eine ausgleichende Wirkung.

Gleichgewichtsübung

In Gleichgewichtsübungen wird die Standfläche verkleinert und die Fähigkeit, den Körper auszubalancieren, gefördert. Sie gelingen nur, wenn sie achtsam und Schritt für Schritt ausgeführt werden. Deshalb sind sie für Schulkinder besonders gewinnbringend. Vor dem Unterricht oder den Hausaufgaben ausgeführt, helfen sie dem Kind, sich zu zentrieren, das körperliche und geistige Gleichgewicht zu finden und alles auszuschalten, was die Konzentration behindert. Gleichgewichtsübungen im Stand stärken die Beinmuskeln und im Sitz (z.B. „Das hölzerne Boot 1/2", ➜ S. 41/42) die Bauch- und Rückenmuskeln.

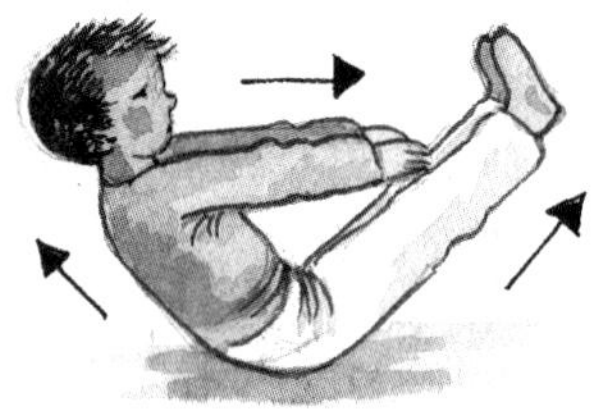

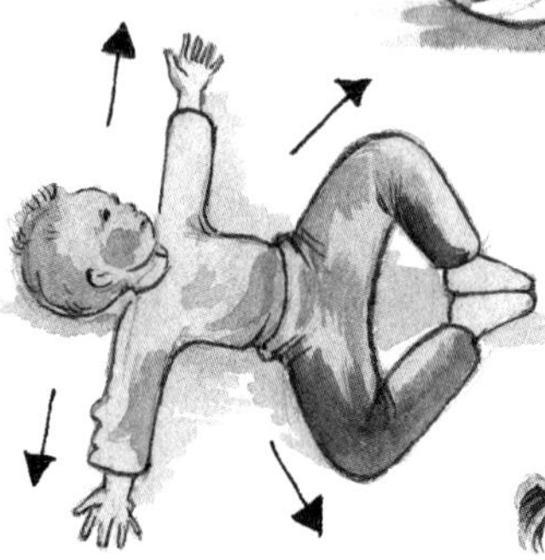

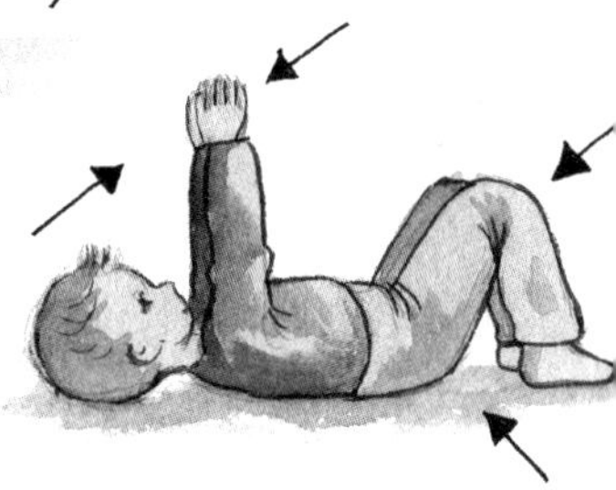

Beweglichkeitsübung

Diese Übungen fördern die Beweglichkeit der Gelenke, kräftigen die Muskeln, schulen den Muskel- und Stellungssinn, das Koordinationsvermögen und die Konzentrationsfähigkeit. Die Muskeln werden bewegt und eine Durchblutung wird angeregt. Die Kinder erspüren in den bewegten Muskeln nach einer gewissen Zeit Wärme. Außerdem wird durch Beweglichkeitsübungen ein Lockerungs- bzw. Entspannungseffekt erzielt. In den bewegten Gelenken wird die Produktion von Gelenkschmiere angeregt.

Atemübung

Atemübungen schulen die Atemachtsamkeit und verhelfen mit zunehmendem Üben zu einem ruhigen und gleichmäßigen Atem, der den Körper ausreichend mit Sauerstoff versorgt. In „Die summende Biene" (➜ S. 43) und „Der wehende Wind 1/2" (➜ S. 50/51) wird lang und leise ausgeatmet. Diese Atemübungen wirken entspannend auf die Muskulatur und den Geist. In „Der kräftige Holzfäller" (➜ S. 44) und „Der mutige Löwe 1/2" (➜ S. 63/64) wird laut und kraftvoll ausgeatmet. Diese Übungen wirken lösend auf die Muskulatur und machen munter.

Spielvorschläge für die Bildkarten

1. Sie können die Bildkarten kopieren, vergrößern, ausschneiden, ausmalen, auf Karton kleben und laminieren.
2. Zu jeder Stunde legen Sie die Bildkarten mit den Übungen, die neu gelernt werden, verdeckt in die Kreismitte, z. B. in eine Schatzkiste oder unter ein Tuch. Ein Kind holt eine Karte hervor, deckt sie auf und zeigt sie in die Runde. Die Kinder benennen, was sie auf der Karte sehen, z. B. *„Das ist ein Löwe"* oder *„Das ist ein Affe"*.
3. Am Angebotsende kleben Sie die Bildkarten mit abziehbarem Klebeband in der Reihenfolge der Übungen und Stundenbilder an eine Pinnwand. So können die Kinder die Reihenfolge nachvollziehen.
4. Am Anfang jeder Stunde schauen die Kinder die Karten in der Reihenfolge, in der sie erlernt wurden, an und benennen sie.
5. Sie legen alle Karten verdeckt auf den Boden. Ein Kind zieht eine Karte und benennt die Übung, z. B. „Die vorsichtige Schildkröte". Es demonstriert den Übungsverlauf 1 und alle Kinder machen die Bewegungen nach. Ein weiteres Kind zeigt den Übungsverlauf 2. Zur Wiederholung der Übungen sagt die Übungsleitung noch einmal das entsprechende Vorstellungsbild sprachlich an, z. B. Schildkröte 1: *„Stellt euch vor, ihr seid Sternschildkröten. Ihr habt vier Beinchen und auf eurem Rücken einen Panzer aus Hornplatten. …"*
6. Sie legen die Karten aufgedeckt auf den Boden. Einzelne Kinder benennen nacheinander ihre Lieblingsübung und zeigen die entsprechende Karte dazu. Sie demonstrieren die Übung und alle machen sie nach.
7. Sehr schön ist es, wenn Sie aus 8 × 4 Bildkarten ein **Quartettspiel** zaubern. Dazu nehmen Sie aus jeder Kategorie (➜ S. 127) jeweils vier Karten und bemalen die Ränder mit Farbe. So werden die Kinder im Spielen mit den Übungen vertrauter und prägen sich die Kategorien sehr schnell ein.
8. Sie können die Karten auch doppelt kopieren und ein **Memoryspiel** daraus basteln. Das Kind, welches im Spiel die zweite Karte aufgedeckt, demonstriert die Übung und alle anderen Kinder spielen sie nach.

Anhang

Register

Der spähende **Adler**, Gleichgewichtsübung (Manduka) 48
Der geschickte **Affe** 1, Drehübung (Parivrtta Trikonasana) 58
Der geschickte **Affe** 2, Drehübung (Utthita Trikonasana) 59
Atemübung 130

Der riesige **Berg**, Umkehrübung (Adho Mukha Shvanasana) 44
Der schwingende **Bambus**, Seitbeuge 45
Der verspielte **Bär** 1, Umkehrübung (Urdhva Prasrita Padasana) 66
Der verspielte **Bär** 2, Umkehrübung (Urdhva Prasrita Padasana) 67
Beweglichkeitsübung 130
Die summende **Biene**, Atemübung 43
Die duftende **Blume**, Beweglichkeitsübung 43
Das hölzerne **Boot** 1, Gleichgewichtsübung (Navasana) 41
Das hölzerne **Boot** 2, Gleichgewichtsübung (Navasana) 42
Die schiefe **Brücke**, Beweglichkeitsübung (Dvipada Pithamasana) 47
Der starke **Büffel** 1, Vorbeuge (Marjari 1) 52
Der starke **Büffel** 2, Vorbeuge 53
Der drehende **Busch**, Drehübung 46

Der hilfsbereite **Delfin** 1, Rückbeuge (Makarasana) 49
Der hilfsbereite **Delfin** 2, Rückbeuge (Makarasana, Dhanurasana) 49
Drehübung 129

Die stille **Eidechse**, Rückbeuge (Bhujangasana 3) 47

Der balancierende **Flamingo** 1, Gleichgewichtsübung 60
Der balancierende **Flamingo** 2, Gleichgewichtsübung (Utthita Satyeshikasana) 61

Gleichgewichtsübung 130

Der ängstliche **Hase**, Umkehrübung (Shashangasana) 47
Der kräftige **Holzfäller**, Atemübung 44
Die spitze **Hütte**, Umkehrübung (Adho Mukha Shvanasana) 44

Der tanzende **Kranich**, Gleichgewichtsübung (Natarajasana) 46
Die aufmerksame **Krähe**, Seitbeuge 46
Das listige **Krokodil** 1, Rückbeuge 62
Das listige **Krokodil** 2, Drehübung (Nakrasana) 62
Die sanfte **Kuh**, Rückbeuge (Marjari 2) 45

Der mutige **Löwe** 1, Atemübung (Simhasana) 63
Der mutige **Löwe** 2, Atemübung 64

Der halbe **Mond** 1, Seitbeuge (Ardha Chandrasana) 68
Der halbe **Mond** 2, Seitbeuge (Ardha Chandrasana) 69
Die schimmernde **Muschel**, Beweglichkeitsübung (Supta Baddha Konasana) 44

Die biegsame **Palme** 1, Seitbeuge 56
Die biegsame **Palme** 2, Seitbeuge 57
Der stolze **Pfau** 1, Vorbeuge (Uttanasana) 53
Der stolze **Pfau** 2, Vorbeuge (Parshvottanasana) 54

Rückbeuge 128

Die bewegliche **Schaukel**, Beweglichkeitsübung 43
Die vorsichtige **Schildkröte** 1, Vorbeuge (Yoga Mudra) 65
Die vorsichtige **Schildkröte** 2, Vorbeuge (Kurmasana) 66
Die schleichende **Schlange** 1, Rückbeuge (Bhujangasana 1) 55
Die schleichende **Schlange** 2, Rückbeuge (Bhujangasana 2) 56
Seitbeuge 129
Die aufgehende **Sonne**, Beweglichkeitsübung 41
Die hellen **Sonnenstrahlen**, Drehübung 41

Der springende **Tiger**, Vorbeuge (Konasana) 45
Der hohe **Turm** 1, Umkehrübung 42
Der hohe **Turm** 2, Umkehrübung (Viparita Karani Mudra) 43

Umkehrübung 129

Vorbeuge 128

Der wehende **Wind** 1, Atemübung 50
Der wehende **Wind** 2, Atemübung 51

Literaturhinweise

Augenstein, Suzanne: Yoga und Konzentration. Theoretische Überlegungen und empirische Untersuchungsergebnisse. Prolog 2003

Berufsverband Deutscher Yogalehrer: Der Weg des Yoga. Handbuch für Übende und Lehrende. Vianova 1994

Dunemann Gulde, Angela: Yoga und Bewegungsspiele für Kinder. Kösel Verlag 2005

Fessler, Norbert: Entspannungstraining in der Schule? Sportunterricht-Monatsschrift zur Wissenschaft und Praxis des Sports mit Lehrhilfen. Hofmann-Verlag GmbH & Ko. KG Schorndorf, Nr. 6 Juni 2011, S. 162–169.

Goldstein, Nicole: Hyperaktiv – na und? Yoga-Übungen für hyperaktive Kinder. Borgmann 2003

Karven, Ursula: Sinas Yogakatze und der singende Weihnachtsbaum. Rowohlt 2009

Kragh, Elke: Yoga in der Schule – Zeit finden für Bewegung & Stille. AOL-Verlag 2002

Krenz, Armin: Kinder spielen sich ins Leben – Der Zusammenhang von Spiel- und Schulfähigkeit. Kindergartenpädagogik Online-Handbuch von Martin R. Textor auf www.kindergartenpaedagogik.de/418.html

Proßowsky, Petra: Yoga mit Rotkäppchen und Co: Märchen in ruhiger und entspannter Atmosphäre lehren. Auer 2008

Proßowsky, Petra: Traumgeschichten: Entspannungs- und Konzentrationsübungen im Grundschulunterricht. Auer 2010

Stück, Marcus: Entspannungstraining mit Yogaelementen in der Schule. Auer 1998

Trökes, Anna: Yoga – Was Sie schon immer wissen wollten. Theseus 2005

Adressenhinweise

- Berufsverband der Yogalehrenden in Deutschland e. V. (BDY) www.yoga.de
- Fachverband für Hatha-Yoga in der Pädagogik und Gesundheitsförderung e. V. www.yoga-fachverband.de
- PH Karlsruhe, Institut für Bewegungserziehung und Sport im Arbeitsbereich 1-Sport, Individuum und Gesellschaft: Karlsruher Entspannungs-Training (ket) unter der Projektleitung von Prof. Dr. Norbert Fessler (2010) und Dissertationsprojekt „Entspannungstraining in der Vorschule" mit körperbasierten Entspannungsmethoden (u. A. Yoga), Dipl.-Päd. Marcus Müller.
  www.sport.ph-karlsruhe.de/ab1/forschung_vorschule.html
  www.sport.ph-karlsruhe.de/ab1/lehrbeauftragte.html#salbert
- Universität Karlsruhe (TH), FOSS-Forschungszentrum für den Schulsport und den Sport von Kindern und Jugendlichen – Karlsruhe, Team-Teaching-Projekt „Karlsruher Entspannungstraining"
  www.sport.ph-karlsruhe.de/ab1/docs/Team-Teaching-Plakat.pdf
  www.foss-karlsruhe.de

Die Autorin, die Illustratorin

Ursula Salbert ist eine erfahrene Yogalehrerin, Erzieherin, Atempädagogin und Seminarleiterin für Autogenes Training und Entspannungstherapie. Sie unterrichtet an ihrer Hatha-Yoga-Schule in Bühlertal bei Baden-Baden seit vielen Jahren Kinder und Erwachsene in Yoga und Entspannungstraining. Seit 1998 leitet sie das Institut für Ganzheitliche Gesundheitspädagogik (IGG) in Bühlertal und bildet dort YogalehrerInnen aus. Als Dozentin an verschiedenen Bildungseinrichtungen im In- und Ausland gibt sie Fortbildungen zu den Themen Yoga für Kinder, Jugendliche, Schwangere und Senioren, Entspannungspädagogik, Bewegungspädagogik, Atempädagogik und Meditationspädagogik.Als Lehrbeauftragte an der PH Karlsruhe arbeitet sie als Yoga-Expertin in Entspannungsseminaren des Instituts für Bewegungserziehung und Sport in verschiedenen Studiengängen mit (Team-Teaching-Konzept). Sie verfasst Fachartikel für verschiedene Zeitschriften, z. B. „WWD-Wehrfritz wissenschaftlicher Dienst", „klein & groß" und „Yoga! Das Magazin".

Für den Ökotopia Verlag veröffentlichte Ursula Salbert bisher folgende Publikationen:

- Ganzheitliche Entspannungstechniken für Kinder. Bewegungs- und Ruheübungen, Geschichten und Wahrnehmungsspiele aus dem Yoga, dem Autogenen Training und der Progressiven Muskelentspannung (2006)
- Das Körper-Entdeckungsbuch. Vielfältige Spiele, Experimente, Geschichten und kindgerechte Infos zur Entwicklung des Körper- und Gesundheitsbewusstseins (2007)
- Ruhe-Inseln für Erzieherinnen. Stressbewältigung: Mehr Kraft, Gelassenheit und Wohlbefinden mit einfachen Bewegungs- und Entspannungsübungen für Menschen in erziehenden und lehrenden Berufen (2010)
- Ruhe-Inseln für Erzieherinnen, CD von Ralf Kiwit und Ursula Salbert (2010)

Kontaktadresse: Ursula Salbert – Institut für Ganzheitliche Gesundheitspädagogik (IGG)
Tannenweg 10, 77830 Bühlertal
www.hatha-yoga-entspannung.de
info@hatha-yoga-entspannung.de

Annie Meussen, geb. 1949, lebt und arbeitet in den Niederlanden. Bereits als junges Mädchen erhielt sie ihren ersten professionellen Unterricht von ihrem Vater. Seither hat sie sich vor allem in der Detailzeichnung weiterentwickelt. Nach der Schulzeit arbeitete Annie Meussen als Erzieherin mit kranken Kindern in einem der wenigen Krankenhäuser, an die auch eine Schule angegliedert war. Seit 1990 ist sie selbstständige Illustratorin von Kinderbüchern und Kalendern.

Für den Ökotopia Verlag illustrierte Annie Meussen bereits folgende Bücher: Santa, Sinter, Joulupukki (2002), Käfer, Katze und Kaninchen (2003), Streicheln, Spüren, Selbstvertrauen (2003), Englische Bewegungshits (2004), Feste feiern und gestalten rund um die Jahresuhr (2005), Ganzheitliche Entspannungstechniken (2006), Bewegung mit Musik macht Kinder stark (2007), Schutzengel sind überall (2012), Das Kinderyoga-Spielebuch (2012), Das Mitmachgeschichten-Buch (2013), Weihnachtsmaus & Winterwichtel (2013), Krabbelkinder lieben Rituale (2014), Sanfte Ruheerlebnisse für Krabbelkinder (2014).

Claudia Hohloch

ENTSPANNUNGSSPASS FÜR KINDER

Bewegungsorientierte Entspannung mit Elementen aus Yoga und Kinesiologie

ISBN 978-3-86702-398-6
(Ordner)

Immer größer werdender Bewegungsmangel und zunehmender Zeitdruck führen zu Unruhe und Unkonzentriertheit – mit direkten Auswirkungen auf den Alltag in Kinderbetreuung und Familie. Dieser Praxisordner liefert das passende Material zur bewegungsorientierten Entspannung. Durch vollständige und direkt einsetzbare Stundenbilder sind die Bewegungsabläufe für jeden leicht anzuleiten und umzusetzen. 64 Yoga- und Kinesiologiekarten vertiefen zusätzlich bereits gelernte Übungen. Zahlreiche Kopiervorlagen und Anleitungen runden das Angebot ab. So finden die Kinder zur inneren Ruhe und Ausgeglichenheit – und das mit viel Spaß und Freude am gemeinsamen Bewegen und Entspannen.

ökotopia

www.klett-kita.de